中华爱国人物故事

ZHONGHUA AIGUO RENWU GUSHI

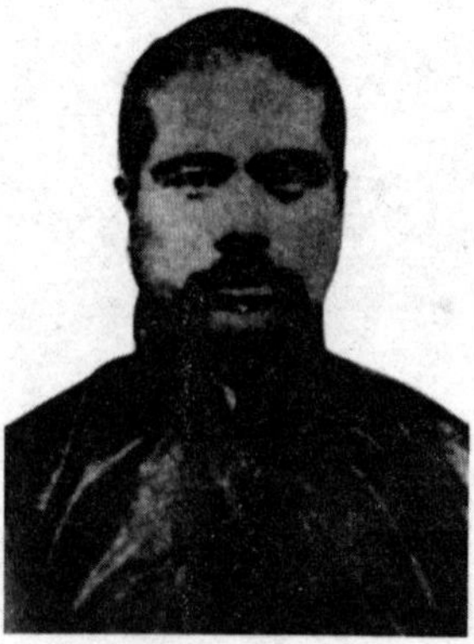

矢志救国的
平民将军冯玉祥

孟祥洋 编著

吉林人民出版社

图书在版编目(CIP)数据

矢志救国的平民将军冯玉祥/孟祥洋编著.-- 长春: 吉林人民出版社,2011.5
(中华爱国人物故事)
ISBN 978-7-206-07845-3

Ⅰ.①矢… Ⅱ.①孟… Ⅲ.①冯玉祥(1882~1948) - 生平事迹 Ⅳ.①K825.2

中国版本图书馆CIP数据核字(2011)第075698号

矢志救国的平民将军冯玉祥
SHIZHI JIUGUO DE PINGMIN JIANGJUN FENG YUXIANG

编　　著：孟祥洋
责任编辑：葛　琳　　　封面设计：七　洱
吉林人民出版社出版 发行（长春市人民大街7548号 邮政编码：130022）
印　　刷：鸿鹄(唐山)印务有限公司
开　　本：670mm×950mm　1/16
印　张：8　　　　　　　字　数：70千字
标准书号：ISBN 978-7-206-07845-3
版　次：2011年5月第1版　印　次：2021年8月第3次印刷
定　价：35.00元

如发现印装质量问题，影响阅读，请与出版社联系调换。

总序

胡维革

《中华爱国人物故事》是一套故事丛书。它汇集了我国历史上80位古圣先贤、民族英雄、志士仁人、革命领袖、先进模范人物的生动感人史迹,表现了作为中华民族优秀传统的伟大的爱国主义精神。

爱国主义是人们对于"生于斯、长于斯、衣食于斯"的祖国的一种神圣感情,是人们对于自己民族的一种强烈的责任感和使命感,是感召和激励整个中华民族的一面永不褪色的旗帜。在漫长的历史上,爱国主义一直激励着中华儿女为祖国的独立、统一、进步和繁荣而英勇奋斗。从伟大的思想家教育家孔子到统一全国的千古一帝秦始皇,从秉笔直书著《史记》的司马

◆ 中华爱国人物故事

迁到鞠躬尽瘁死而后已的诸葛亮,从伟大的浪漫主义诗人李白到精忠报国的民族英雄岳飞,从七下西洋传播友谊的郑和到抗击倭寇的民族英雄戚继光,从苟利国家生死以的林则徐到为变法流血的第一人谭嗣同,从威震敌胆的抗联将军杨靖宇到人民音乐家聂耳与冼星海,从踏遍青山人未老的李四光到万婴之母林巧稚,从县委书记的好榜样焦裕禄到情系雪域献身高原的孔繁森……都表现出了强烈的爱国主义精神。正是由于热爱祖国的人们前仆后继地奋斗,国家和民族才得以生存,历经一次次历史危急关头而能转危为安,走向兴盛和富强,从而屹立于世界民族之林。爱国主义是鼓舞中华儿女历经忧患、跨越沧桑、百折不挠、自强不息的伟大力量,它贯穿于中华民族的整个历史,并有力

总序

地凝聚着五洲四海的中国人。

　　爱国主义是一个历史的范畴,在社会发展的不同阶段、不同时期有着不同的具体内容。革命时期,需要我们为祖国的独立自主出生入死;建设时期,需要我们为祖国的繁荣富强增砖添瓦;在全国各族人民团结一心建设富强、民主、文明、和谐的社会主义现代化国家的今天,我们要争做一名新时期的爱国者。新时期的爱国者要有强烈的民族自尊心和自豪感。民族自尊心和自豪感是任何时期任何爱国者都必须具备的情感。民族自尊心能增强我们自立向上的恒心,民族自豪感能树立我们建设祖国的信心。要树立"祖国高于一切"的崇高信念,为了祖国和人民的利益不惜抛却个人的利益,甚至不惜牺牲个人的生命。要树立终身学习的理念,拓

◆ 中华爱国人物故事

宽自己的知识面,广泛吸收新知识新技术,完善自身的知识结构,更新学习知识的方法与理念,从思想上、知识上充分武装自己,为祖国的繁荣昌盛贡献力量。

　爱国主义思想的继承和发扬,是关系到民族盛衰、国家兴亡的根本问题。一代代人爱国主义思想情操的形成,需要不断地培养。培养爱国主义的一个重要途径是向爱国主义的英雄人物和典范事迹学习。这套丛书的出版,对于人们向英雄和先进人物学习,特别是对于在中小学生中进行爱国主义教育,将可提供一些生动的教材。祝愿此书出版发行成功,为培养"四有"新人做出贡献。

于2011年4月23日
世界读书日

中华爱国人物故事

编委会

策　划：胡维革　吴铁光
　　　　林　巍　李达豪

主　编：胡维革　邢万生

副主编：贾淑文　吴兰萍

编　委：(按姓氏笔画为序)
　　　　于二辉　门雄甲
　　　　刘士琳　刘文辉
　　　　孙建军　李相梅
　　　　李艳萍　杨九屹
　　　　谷艳秋　陈亚南
　　　　隋　军　韩志国

目录
CONTENTS

◎ 012　生逢乱世　起义滦州

◎ 025　征讨复辟　驱逐废帝

◎ 044　西北建军　出师北伐

◎ 059　自成一派　助蒋剿奉

目录
CONTENTS

与蒋决裂　喋血中原　073◎

察东抗日　英雄穷途　092◎

赴美反蒋　归国罹难　113◎

生逢乱世　起义滦州

清末，安徽巢县竹柯村有一户贫苦的农工人家，这家有个男丁名叫冯有茂，为人侠义豪爽，刚直不阿，继承了从祖上传下来的一手泥瓦匠技艺。一次，因为战乱冯家举家逃难到一处偏僻村落的破庙里寄居。这一时期，冯有茂投到一位张姓富翁家里做工，他看到张富翁的两个儿子跟着一名武师习武，从小酷爱武艺的他便暗自留心偷师学艺。不想武师很快窥破了他的举动，但见他生就一副练武术的好材料，于是便去和张富翁商量，允许冯有茂一边做工，一边习武。

张富翁虽然富贵，却是个好人，他一听二话没说，一口应允下来。就这样，冯有茂练得一身好功夫，考入武庠。当时，遍地战火纷飞，干戈不断。一腔热血的冯有茂渴望建功立业，成就男儿大志。他打定主意后，毅然离开武庠、离开故乡，投身到"铭军"之中。铭军，因为其统领刘铭传之故而得其名，隶属直隶总督李鸿章的淮军，在晚清很负盛名。

起初，冯有茂在差遣队当差，清朝政府的腐化无能以及残酷压迫，不仅激起了汉族人民的暴动与革命，连其他民族也对它仇视和反抗起来了。后来，冯有茂在奉朝廷命令去新疆平乱之后，回到山东济宁驻防时，成家立室，娶妻游氏。第二年，游氏产下一子，取名基道。次年（光绪八年，即1882年），再产一子，名为基善，这便是日后扬名中外的冯玉祥将军。

游氏一共育有冯玉祥兄弟七人，可是由于生活艰难，导致七兄弟从小营养不良，未成年时竟然先后夭折五人，仅剩下冯玉祥及其兄长安好于世。而游氏在生下最后一个儿子没多久即病故，自幼失去母亲的冯玉祥在童年时随父亲的军队驻守到保定，保定成了他的第二故乡。而此时的冯有茂也从最初的当差一步一步地升到哨长至哨官，他虽然屡升军级，但官饷无多，再加上他秉性正直，不屑中饱私囊，因此冯家的生活依旧举步维艰。

冯玉祥自幼时起，所穿衣物均是布衣布履，从没沾过绫罗绸缎。这竟然成为他日后的生活习惯，无论他身居如何的高官显位，始终粗布衣裤，不改平民本色，因此他被称为"平民将军""布衣将军"。冯玉祥长到10岁时，在他父亲的长官苗开泰管带的帮助下，进入淮军中

挂名领饷，这种给军人的孩子挂名领饷的做法在军中称作"恩饷制"。虽然没几个钱，但总算可以补贴些家用。

说到冯玉祥领恩饷还有一段逸事，挂名需要填名册，可冯玉祥的大号基善苗管带并不知道，差人去问又来不及。苗管带事急从权，随手在名册上填了个"冯玉香"的名字。这个女里女气的名字也不知道跟了冯玉祥多久，总之是他长大建功立业后，既舍不得丢弃这个人人知道的大号，又讨厌它的娘娘腔劲头，于是自己想办法改了个谐音"玉祥"。这样，既没改变原来名字的发音，又变得男性化十足。

光绪二十年（1894年），中日甲午战争爆发，冯玉祥跟随父亲的部队到大沽口修筑炮台。离他们施工地20里远的海面上，赫然停泊着日本军舰。从这时起，冯玉祥经常听到关于日本及其他列强欺侮中国的事，一种民族的仇恨，尤其对日本的仇恨，在他幼小的心灵里迅速萌生。他在心中暗暗想："今后我不当兵则已，若当兵，誓死要打日本，尺地寸土决不许由我手里让日本夺了去！"

经过整整两年的艰辛劳作，大沽口炮台修筑完成。这一建筑之坚固，堪称全国首屈一指的海防工程。19尊崭新的大炮，威风凛凛，都是李鸿章从德国买的。冯玉祥他们对自己的辛劳成果打心眼里感到自豪。从大沽口回到保定以后，冯玉祥正式入营服役，他的军旅生涯从此开始了。这一年，冯玉祥只有14岁。

几年后，八国联军打进北京，慈禧太后仓皇出逃，李鸿章出头议和，结果是与列强签订了丧权辱国的《辛丑条约》，不但赔偿了四亿五千万两白银，其中还有一条就是拆毁大沽口炮台，而且以后永远不准中国再在大沽口设置任何国防工事。各炮台还没一试伸手就要拆毁，消息传来，冯玉祥内心无比悲痛。从这一刻起，他心中就树立了有朝一日要雪洗国耻的决心，并在以后练兵中，都是以日本为假想敌。

冯玉祥不但遗传了父亲高大健壮的身材、孔武过人的身手，而且还继承了父亲正直侠义的性格、忧国忧民

日本在大沽口屠杀我同胞

的思想。他为了能够早日驱逐日寇，每天刻苦训练，别人还没起床时，他已出去腿绑沙袋疾行15里，练习脚力。回到军营中，大家还在睡觉，他又扛出长枪去继续操练。由于冯玉祥的自强不息，使他从一名籍籍无名的小卒逐渐升迁到教习的职位。然而这并没有令冯玉祥感到欣慰，因为他发现在淮军的军营中存在着太多问题，譬如积习太深、功过不明、赏罚失当、士兵疾苦无人过问等等。

光绪二十七年（1901年）年底，李鸿章去世，袁世凯接任直隶总督兼北洋大臣。次年，袁世凯编练新建陆军，这时，对淮军充满失望的冯玉祥改投到新建陆军的武卫右军中。

到了新的军营里，往日那股拼搏进取的精神，在冯玉祥身上更胜过去，入新军的头一年就被提为头棚副目，翌年又升为四棚正目，第二营右哨哨长。冯玉祥的长官叫陆建章，陆长官见冯玉祥德才兼备，又知他尚未成家，便将自己夫人的侄女刘德贞许配给他。

冯玉祥与刘德贞结为伉俪后，夫妻二人相敬如宾，育有两男三女五个孩子，共同生活将近20年。刘德贞身为官太太，没有一点贵夫人的架子，平时与孩子们吃的都是粗茶淡饭，穿的是粗布衣，出门从不坐轿，在家里照样缝缝补补。因此，人们都称她为"平民夫人"。

1904年的冯玉祥

冯玉祥成亲的那一年已经23岁，也是在这一年，武卫右军改编为新军第六镇，冯玉祥由哨长改任司务长，再升为第十二协二十四标第二营后队队官，移驻奉天新民府。成家立业的冯玉祥心想，这回终于有能力、有条件孝敬自己的老父亲了。他的父亲冯有茂多年前已被部队精编裁员下来。一直过着贫苦的生活。然而天不遂人愿，冯有茂此时患肺病已到了晚期，不久便撒手人寰。冯玉祥悲恸过后将父亲的尸骨运回保定，与母亲的灵柩合葬在一起。

转眼又过了三年，冯玉祥升为第一混成协督队官。正是在这时，他结识了革命党人孙谏声，读到了《嘉定屠城记》和《扬州十日记》等反清书籍。孙谏声明里是新军第六镇工兵营排长，暗里是革命党人身份。一天，孙谏声来到冯玉祥房里，见他正在看《曾国藩家书》，于是很不高兴地说："你还想当清朝的忠臣孝子吗？"

"当忠臣孝子难道有什么不好？"冯玉祥反问道。

"当孝子，我不反对。当忠臣我可不赞成！"孙谏声低声说，"等一会儿，我拿两本书给你看看，你就知道我的话不错了"。

孙谏声出去后又很快回来，他的神色看上去很是有些不寻常，又向四周巡视了一会儿，确定没人后才从腰里掏出两本书来，正是《嘉定屠城记》和《扬州十日记》。孙谏声把书交到冯玉祥手里，很郑重地说道："没人的时候，你再拿出来看，千万不要叫别人看见，这可不是闹着玩的。"说完，他匆匆地离去。

其实对于清朝政治的不满，在冯玉祥心中也早已存在，只是远不如革命党人对清朝政府仇视的那么深刻。他到新民府第二年，《中日安奉铁路协约》刚刚签订，接着又发生了关岛问题。这些问题的发生，在冯玉祥看来都是清朝政府的软弱无能所致，更是日本帝国主义侵略中国东北三省一贯政策下不可避免的。冯玉祥大为愤懑，为清廷尽忠效力的思想忽而因此转变。从此他痛恨清朝政府，更加仇恨日本侵略者。

在当时，新军中一部分有良心的年轻的热血军官，对于清廷的昏庸误国，也都愤恨不平，深恶痛恨。冯玉祥便暗中联络了一批这样志同道合的朋友，其中除了孙谏声外，还有王石清、郑金声、王金铭、施从云、戴锡九、张之江、张树声、张宪廷及刘骥等人。这些人虽然有的在工兵营，有的在辎重营，有的在骑兵营，有的在步兵营，但共同的革命信仰把他们紧紧联系在一起。

王金铭、施从云二人都是由第五镇第十八标拨到七十九标的，分别是第七十九标第一营和第二营的营副。他们两人一个足智多谋，一个勇猛善战，而且均是品行端正，吃苦耐劳，内外如一，好学不倦。于是冯玉祥和

王、施二人私下商量，成立一个秘密组织，名义上以读书为名，暗地里联合有志之士共同推翻清朝统治。三人一拍即合，经冯玉祥的提议，他们的秘密组织定名为"武学研究会"。

起初，除了冯玉祥他们三个人以外，还有第八十标第一营管带王石清、第二营管带郑金声以及岳瑞洲也参与了成立武学研究会的事，一共六个人，大家共同立下"先驱清廷，后御外侮"的誓言，并公推冯玉祥为会长。

武学研究会的范围逐渐扩大到军中各营各连。陆续秘密加入会中的还有第二十镇参谋长刘一清、第八十标第三营参谋官孙岳以及张之江、李鸣钟、韩复榘等人。对冯玉祥来说尤其一位重要的人物，那就是在学兵营的鹿钟麟也参加了武学研究会，他因此和冯玉祥相识，并结为知己，从此追随冯玉祥戎马近40年。

为了扩大联系面，加紧准备武装起事，冯玉祥和王金铭又在武学研究会的基础上成立了"山东同乡会"，筹措钱款，购置弹药。山东同乡会旨在武装反对清政府，鹿钟麟虽不是山东籍，但也加入为会员。他奉命潜入奉天、北京、唐山、天津等地，联络会员，并出色地完成任务，很受冯玉祥赏识。

宣统二年（1910年），冯玉祥的第一混成旅与原本的独立第一、二团合编为第二十镇，冯玉祥晋升为第二十镇第四十协八十标第三营管带。清末时期的陆军章制，每隔三年举行一次秋操，次年八月，即辛亥年秋季，又到了三年一度的秋操季节，地点在滦州（今滦县，在山海关西南约二百里处）。与此同时，革命党方面传来消息，革命军队伍亦于八月间发动"武昌起义"，东南各省纷纷响应。

冯玉祥一听，感觉革命的时机终于到了，遂与第二十镇的武学研究会的骨干暗中同第六镇吴禄贞、第二混成协蓝天蔚密谋，趁秋操之机，将枪中演练用的子弹换上真的，相继见机起事，发动"滦州起义"。大家商定，

起义军占领武昌

推选王金铭为北方革命军的大都督，施从云为总司令，冯玉祥为参谋长，鹿钟麟任右路军司令。

冯玉祥等人的本意是，北方的滦州起义以响应革命

党在南方的武昌起义,然后直接打到北京,推翻清朝政府的统治。可是没想到,吴禄贞在新军中的军职屡屡升迁,而他本人又锋芒毕露,常常在东北三省一带宣传革命思想,所谓树大招风,因此清廷早已对他心存戒备。还未到秋操之日,朝廷便通知停止第六镇参加。

屋漏偏逢连夜雨,南方孙中山领导的同盟会中有位革命党人名叫白雅雨,他与孙谏声同是负责跟冯玉祥等北方革命派保持联络工作的。起义前夕,白雅雨过高估计了形势而提前发出了"反正文告",因而走漏了消息,遂引起北京政府的警觉。

眼见消息败露,王金铭、施从云当机立断,迅速高举革命旗帜,率先起事。接着通电南北,主张共和,通电的署名亦有冯玉祥的名字。当时冯玉祥正奉命带领本部人马镇守奉天府,王、施二人的通电一出,冯玉祥等革命派立即遭到保皇派的监禁。

滦州地处京畿近地,北京政府闻听革命派提前起义,大为震惊,急忙一面调遣军队镇压,一面派出王怀庆前往滦州劝谕革命军。可是,王金铭与施从云并不吃清廷的这一套,他们将前来游说王怀庆扣下。王怀庆见势不妙,谎称归顺革命军,得到释放后却趁机逃跑。

王、施二人按照预定计划,指挥北方革命军沿铁路直驱天津,再攻北京。他们率部登上开往天津的火车,不料，王怀庆在前方提前破坏了通向天津的铁轨，而第三营管带张建功竟与王怀庆勾结，二人一前一后将革命军夹在中间。火车行至雷庄车站不得不停下来。王、施二人只好率部下车，与堵截在前方的王怀庆部展开殊死搏斗。战斗一直打到深夜，王怀庆部渐渐不支，随即发出信号请求停战议和，并派出代表邀请王、施二人过去谈判。革命军的战士们都深知王怀庆为人老奸巨猾，大家都劝说他俩不要过去。

王金铭挥手止住大家的劝说，他说道："我辈革命军人，早已抱定为国牺牲的宗旨，纵是龙潭虎穴，我又何足惧哉？"旁边的施从云也慷慨地说道："难道我施某是贪生怕死的人吗？"就这样，二人大义凛然地来到王怀庆一边。

王、施二人刚一坐定，还未见到王怀庆本人，便突然冲出来十几个荷枪实弹的士兵，将他们按住捆绑起来，旋即杀害。同行的一个护兵名叫黄云水，王怀庆命人释放他时，他非但不走，反而破口大骂："王怀庆你这个害民贼，甘心当清朝的奴才，残杀同胞的猪狗！"王怀庆一听，不由得恼羞成怒，抬手一枪，可怜黄云水一条好汉也倒在血泊之中。

革命军领袖一死，群龙无首，滦州起义最后以失败告终，孙谏声、白雅雨也在这次起义中壮烈牺牲。而当

时冯玉祥已被监禁四日，事后，幸得他的老上级，也就是他夫人刘德贞的姑父陆建章极力周旋，他才平安无事。鹿钟麟则是在他的长官车震力的担保下，也侥幸没被有查处。冯玉祥没想到自己的第一次革命居然失败的这样惨痛，更让他难过的是失去了许多位情同手足的革命战友。

后来，民国十三年（1924年），国民军北京政变成功后，冯玉祥在北平中山公园（旧名中央公园）为王金铭、施从云、孙谏声三位烈士铸立铜像，但是国民军北撤后，军阀张宗昌入据，即将铜像毁去。四年后，国民革命军北伐成功，冯玉祥追怀先烈，复高竖三铜像于原处，且另为三位烈士篆刻碑文以纪念其起义殉国的经过，以流传千古。

1913年的冯玉祥

征讨复辟　驱逐废帝

滦州起义虽然失败了，但是武昌起义胜利了。因为武昌起义发生在辛亥年，所以又称作"辛亥革命"。辛亥革命推翻了清朝王朝的封建统治，可是身为清朝政府内阁总理的袁世凯却趁机窃取了辛亥革命的胜利果实，他把革命党人和清王朝都打压下去，夺得了全国的统治权。民国元年（1912年），袁世凯是当上中华民国的首位大总统，可是这并不能满足他的野心，接下来他便处心积虑地要复辟封建君主制度，梦想着做皇帝。

武昌起义

不日，北洋军第三镇因为克扣军饷发生兵变，愤怒的士兵把总统府团团包围起来，然后开始大肆抢掠财物。不但总统府值钱的东西被搜刮殆尽，而且还损毁很多用品，就连总统的卧室也被打破一角。袁世凯大怒，立即找来时任京防军营务处长的陆建章，责令他编练北洋陆军左路备补军第五营，以维护北京的治安。陆建章一向看重冯玉祥的才能，经他举荐，本已被递解回籍的冯玉祥当上了左路备补军第二营的营长，不久，这个营又扩编成第二团。

民国二年（1914年），冯玉祥所在的团改编成第十六混成旅，冯玉祥升任旅长，晋升陆军少将，加封焕威将军，授予一等嘉禾勋章，归袁世凯的北洋政府直接指挥。与此同时，鹿钟麟也被调任第四混成旅第二团第二营任副营长。第二年，第四混成旅第二团拨归到冯玉祥的第十六混成协下辖，于是鹿钟麟又成了冯玉祥的部下。

又过了一年，袁世凯经过密谋策划，准备于年底登基称帝。北洋军少将以上军衔的军官都联名通电表示拥护袁世凯，当电报送给冯玉祥要他签名时，他怒道："我情愿牺牲性命，也定要反对帝制到底！"结果，在这份由陆军总长王士珍带头发出的联名电报上，够级别的军官独缺冯玉祥的名字。

可冯玉祥一个人的力量根本阻挡不了袁世凯的野心，

袁世凯还是如愿地当上了皇帝，并改元"洪宪"。他为了笼络人心，大封爵位，他封冯玉祥为男爵。冯玉祥听此消息，只气得顿足痛哭说："这是对我冯玉祥的极大侮辱。不把袁贼铲除，不把帝制推翻，对不起我滦州起义的弟兄们。"

同时，袁世凯为了换取帝国主义的支持，不惜大量出卖国家主权，而且他还同意日本企图灭亡中国的"二十一条"，他成了中国近代史上不折不扣的最大的卖国贼。袁世凯的倒行逆施很快激起了全国范围的声讨，其中声势最大的便是在云南的前云南都督蔡锷，他组建起一支护国军向四川泸州进发，首先起兵讨袁。而在广东的孙中山亦派人到北京秘密与冯玉祥联系，邀约他起义倒袁。

四川地处西南，其政治的难以处理由来已久，正所谓"全国未乱蜀先乱，全国已治蜀未治"。袁世凯当然明白这个道理，他为了保住帝位，巩固自己的统治，于是派出他的心腹大将陈宦入川坐镇，迎击蔡锷的护国军。

蔡锷

这陈宦非是别人，说起来还是冯玉祥的旧上级。滦州起义前，冯玉祥身为第二十镇第四十协八十标第三营管带时，陈宦正是第二十镇的统制。陈宦深知冯玉祥的能耐，这次奉命入川，他便将冯玉祥的第十六混成旅调遣到内江待命。

冯玉祥当然不愿意与护国军为敌，可是他眼见除了陈宦以外，袁世凯其他的领兵大将，曹锟、吴佩孚、张敬尧这些实力雄厚的部队也都开进四川，自己势孤力单，不能公开表示反袁。他权衡再三，想出一个办法。他想起自己的参谋长蒋鸿遇在云南时曾经是蔡锷的棋友，于

奉命入川与护国军作战时的冯玉祥

是派他持密信去和蔡锷接触，冯玉祥在信中表明对蔡锷光明磊落的行为非常钦佩，但由于自己兵力单薄，而又身处重围，不能立刻有所动作，但必定竭力设法避免对战。并在密信结尾处写道："不久的将来，亦必寻求机会和您携手，共同担负起打倒帝制的任务。"蔡锷看罢冯玉祥的来信，亦复信表示对冯玉祥的处境很理解，希望能共同合作。

护国军一路势如破竹，在其师长刘云峰的率领下很快攻下叙州，陈宧急忙派冯玉祥出兵去收复。可冯玉祥率部挺进泸州时，便按兵不动，故意拖延时间。陈宧和曹锟再三电令，冯玉祥迫不得已才一面缓兵行进，一面又密派蒋鸿遇去和刘云峰议和。可没想到，刘云峰却回复说：要么立即通电讨袁，要么立刻缴械投降。冯玉祥考虑八成是这个刘师长不给自己面子，看来只有先攻下叙州，才能有资本和他商量的合作的事。

于是，冯玉祥加快行军速度，一举攻下叙州。刘云峰抵御不住，率部败走，这时才接受了冯玉祥的议和要求。冯玉祥进入叙州城后，不但安抚好城内百姓，而且下令救治护国军留下的伤病员，使得本来心存恐惧的叙州军民人人感激不已。接下来，冯玉祥致电陈宧，劝他认清形势，不要和革命队伍为敌，应该积极反对袁世凯称帝，尽快宣布四川独立。陈宧揣度了一下目前的形势，本来还举棋不定，但在冯玉祥的一再劝说下，和全国上下一致讨袁的巨浪声中，他终于下定决心通电全国，宣布四川独立。

四川这一独立，袁世凯迫于形势，只好宣布取消帝制，自己不再当皇帝，但他仍称大总统。这时，贵州、广西、广东和浙江等省先后做出响应，也纷纷宣布独立。这一切无异于给了袁大总统迎头痛击，只匆匆做了83天皇帝的他不久便郁郁而终。

袁世凯死后，副总统黎元洪代理北洋政府大总统，冯国璋被选为新的副总统，但实权却操纵在国务总理段祺瑞手中，兼任北洋陆军总长的段祺瑞命冯玉祥的第十六混成旅进驻廊坊一带。冯玉祥率部进驻廊坊后，部队得到了一个休养生息、补充训练的时间。他的十六混成旅共有步兵两团、炮兵一营、骑兵一营、机关枪一连，每营300多人，全旅五六千人。军械共有步枪千余支、山炮18门。冯玉祥根据他多年的实践经验和研究心得，已形成了一整套的练兵方法，在他的带领下，十六混成旅已是名副其实的精锐之师。

时隔不久，段祺瑞问他的一个亲信对冯玉祥的看法，那人说："此人是滦州谋反的主犯之一，前番入川，又搞兵谏，直到现在，他的部队还戴着护国军的肩章，我看他生就一副反骨。"段祺瑞听了心中一凛，连忙下令解除冯玉祥旅长的职务。如此一来,十六混成旅的官兵愤怒了,他们与冯玉祥多年来一起出生入死,情同父子兄弟。全旅群情激愤,连发数封电报向段祺瑞抗议,要求收回成命。

段祺瑞眼看就要发生兵变,急得五内俱焚,关键时刻他想起了陆建章,赶紧派人去请他出面调停。陆建章调停的结果是,冯玉祥挂了一个只拿军饷不用做事的闲职。但冯玉祥无功不愿受禄,他一再请辞又不获准,无奈只好假托有病在北京近郊天台山上的一座庙里休养。

天台山慈恩寺冯玉祥照片

冯玉祥虽然托病在天台山上，但他与十六混成旅的官兵从来不曾断了联系。有一天，他的老部下鹿钟麟和史心田上山来向他报告了个消息，这个消息直气得冯玉祥火冒三丈，恨不得立即动身下山！

原来，黎元洪和段祺瑞之间的矛盾日益加深。二人经过明争暗斗，最后段祺瑞被黎元洪罢免了职务。失势后的段祺瑞不得不从北京迁到天津，他不甘败落，又派人南下和军阀张勋联系，邀请他入京"调停国争"。张勋早年任江南提督，曾率兵血腥镇压过辛亥革命，是铁杆的"保皇派"。为了表示对清王朝的效忠，张勋和他所部官兵一直留着辫子，因此被讥为"辫子军"。

张勋先是到天津与段祺瑞见面，两人商谈后，张勋致电黎元洪，提出解散国会等六项要求。黎元洪没有军事实力，只得听命，并电请张勋入京。之后，黎元洪辞去大总统职务，张勋怀着叵测之心，来到北京私下潜入紫禁城叩见清朝废帝爱新觉罗·溥仪。他与溥仪制订下可耻的复辟计划。月底，张勋率领他的三千"辫子军"入驻北京天坛。第二天一早，他又纠集一帮清朝的孤臣遗孽把溥仪抬出来，在紫禁城内举行了皇帝复位典礼，还把象征皇权的龙旗又公然挂了出来。

辛亥革命牺牲了多少仁人志士，才推翻了清王朝的封建统治，本以为袁世凯一死，没有人会再做复辟帝制的荒唐梦，可如今偏偏就出了张勋这么一个人，这叫冯玉祥如何不生气！他当即指示鹿、史二人：一、尽快把部队眷属送回保定以南安置；二、检查枪支，发足子弹，准备打仗；三、把他在北京城里的房产典押五千元，暂做官兵的军饷开支。

冯玉祥下山后，先是到天津与陆建章讨论目前的局势。段祺瑞下台后也住在天津租界区里，他得到密报闻听冯玉祥到了天津，立即派人把冯玉祥请到家里来。一见面，段祺瑞满面堆笑，寒暄过后，说道："焕章（冯玉祥）我们谈谈当前的问题。你的十六混成旅在四川举义旗，吃了千辛万苦，真可谓是与民国共生死。现在张大辫子（张勋）又闹出这种事，十六旅正好驻廊坊，非得你出一番力不可，我们现在给您一个委任，请你这就回廊坊去。"

其实，段祺瑞只不过是利用张勋来扳倒自己的政敌，张勋进京后，黎元洪被迫辞职，他的第一个目的达到了。紧接着，他又马上打出讨逆的旗号，想利用冯玉祥再去讨伐张勋。可是，段祺瑞玩的这个一石二鸟的伎俩，冯玉祥心知肚明，他冷冷地对段祺瑞说："我们在四川反对皇帝，那可是造反的事，难道还谈得上什么功劳不成？委任的事我看倒不必了，不过这次张勋危害共和，祸国殃民，我和他必然势不两立！"说完便起身告辞了。

033

当冯玉祥回到廊坊时，第十六混成旅高级军官张之江、李鸣钟带着队伍来到车站迎接他，大家相拥流泪后回到驻地。冯玉祥立即部署全旅将士准备战斗，并发出通电讨伐张勋。张勋的"辫子军"一部分主力驻扎在万庄，距廊坊很近，他们与冯玉祥的部队刚一接火就败下阵去。段祺瑞闻讯派人送来委任状，任冯玉祥为讨逆军第一梯队司令。

紧接着，冯玉祥又率部直捣黄村，再一鼓作气将"辫子军"追击至丰台。随后，段祺瑞与曹锟、倪嗣冲等其他几路讨逆军也陆续到达。众人商定好分路向北京进发，可事到临头，段祺瑞忽然改变了主意，他以调停人的姿态致电张勋，劝他放弃复辟退出北京，并承诺以保留清室优待政策作为交换条件。冯玉祥一听，表示坚决反对，主张

讨伐复辟时的冯玉祥

讨伐到底，要彻底铲除帝制祸根。

当夜，冯玉祥由丰台发兵，攻至右安门，十六混成旅的士兵们架云梯爬入城内，打开了城门。再由先农坛攻入天坛侧方，复集中兵力对天坛猛攻，经过一昼夜的鏖战，"辫子军"不敌，黎明时挂出白旗投降。张勋见大势已去，孤身一人狼狈不堪地逃入荷兰使馆。收复北京后，段祺瑞拥戴冯国璋当选北洋政府新总统，而他自行回任国务总理的职务。并对他的亲信私交都给了升赏，唯独功劳最大的冯玉祥，依然是担任第十六混成旅旅长之职。

讨逆军与辫子军在紫禁城东门作战

然而，南方的孙中山并不承认这个由冯国璋为总统、段祺瑞为国务总理的北洋政府，他在广州召开"非常会议",宣布维护《中华民国临时约法》,并在广州成立军政府。同时会议决定,选举孙中山为军政府大元帅,唐继尧、陆荣廷为元帅。几天后,广州军政府成立护法军,通电全国,兴师北伐。

短短几个月间,护法军步步紧逼,节节胜利。面对如此情形,段祺瑞如坐针毡,他思忖再三觉得只有冯玉祥才有能力挽狂澜,挽救危局。他决定再次启用冯玉祥,命他入湘与孙中山的护法军作战。可冯玉祥不但直截了当拒绝了他,而且停兵在武穴,并发出通电主张南北停战,言辞矛头直指段祺瑞:"不与外人较雌雄,只与同胞争胜负……为公理正义而战,虽败亦荣,为义气与私愤而战,虽胜亦辱……"

段祺瑞一气之下,罢免了冯玉祥的职务。而身为北洋陆军元帅的直系军阀曹锟却趁机把冯玉祥召入自己的麾下,他任命冯玉祥为湘西镇守使,率第十六混成旅驻守常德。

初入常德,冯玉祥见许多商家门前都挂着日本国旗,非常震惊,心想这里既没有割让给日本,也没有被日军占领,又不是日租界,怎么会有这事?一打听,才知道常德是南北军队交战拉锯之地,任何一方战败,溃兵便大肆抢掠一番,商家不堪其苦,才想出这样一个下策。冯玉祥便召集商家,告诉他们,托庇日本人是最可耻的事，让大家把日本国旗摘掉，并保证自己的部队绝不会扰民。当晚，市面上所有的日本旗一夜间全都消失了。

一天，几个从日本军舰上下来的水兵要进城，冯玉祥派出守卫城门的士兵要检查，日本兵不从，还打了那守卫一耳光。冯玉祥手下的士兵素受爱国教育，哪能咽下这口气，盛怒之下，拔出刺刀捅伤了三个日本兵。受伤的日本兵被抬回日本军舰不多时，他们的舰长和当地日本居民会会长找上门来，向冯玉祥提出，先把行凶的城门守卫抓起来再行谈判。

"你这是根据什么说的？"冯玉祥问道。

"按照日本海陆军刑法。"说着，日军舰长掏出一本很厚的小册子。

冯玉祥当即大怒，他脱下一只鞋站起来，日本会长见苗头不对，忙问怎么回事？冯玉祥说："用你们日本军法来判处我们的士兵，显然是侮辱我国，我当然要教训教训他。"日本会长这才明白冯玉祥是要动手打日军舰长，当下威胁冯玉祥说要通电报告天皇，还要直接找段祺瑞总理交涉。

冯玉祥笑了笑，说道："我冯某不久前在武穴停兵，通电全国，就是反对段总理，你不知道吗？你快去吧，快去和段总理办交涉，叫他来惩处我！我冯某只知真理，只知国法，此外什么也不怕！"由于他的强硬，结果是以

双方互相慰问伤者了事。

冯玉祥驻守在常德没多久,直皖两系发生战争,隶属直系的冯玉祥部被频频调动参战。几次大战下来,冯玉祥的第十六混成旅被扩编为第十一师,他本人也被北洋政府任命为师长,兼陕西督军。这期间,孙中山曾派人与他联系,希望他坚持真理,继续革命。冯玉祥在给孙中山回信中说:"任何时候只要用得着我时,我当无不尽力以赴。"

接着,直系又与奉系发生战争,冯玉祥又率部转战河南,他的部队再次进行扩编,下辖两个旅和三个混成旅,他本人则旋任河南督军。此事却惹恼了直系中的另一位大军阀,他就是吴佩孚!因为从北京到汉口都处在吴佩孚的

任陆军检阅使时的冯玉祥

势力控制之下，唯独当中河南是非嫡系的冯玉祥部，"卧榻之侧，岂容他人鼾睡"？不久，北洋政府发出命令，撤销冯玉祥河南督军职务，改任陆军检阅使，授予扬武上将军衔。这实际是明升暗降，在削弱冯玉祥的实权。

民国十一年（1923年）的年初，追随冯玉祥戎马多年的刘德贞患伤寒病，溘然辞世。中年丧妻，而且身边还带着一群未成年的孩子，很多人都劝说冯玉祥重新组织一个家庭。一时间，上门做媒的或亲自求婚的大户千金及富家小姐络绎不绝。其中最令人注目者当属陆军元帅曹锟的掌上明珠。曹元帅派副将到冯玉祥寓所，向他表明来意。冯玉祥平素最讨厌那些想做官太太的千金小姐们，但又碍于情面不好直接拒绝，只好婉言谢绝道："元帅厚爱，我求之不得，只是令千金过门之后，必须委屈她做到三条：一不许穿绫罗绸缎，只穿粗布衣裳；二纺纱织布；三要精心抚养前妻的三个孩子。"这三条一出，曹家千金自然是不能接受。第二年，冯玉祥与贫苦家庭出身的李德全结为夫妻，二人育有一子三女四个孩子，并直到终老。

冯玉祥丧妻这一年，曹锟收买国会"猪仔"议员，贿选成功，当上总统。从此直系开始掌控北洋政府的实权，但军政大权却是直系掌握在铁腕人物吴佩孚手中！冯玉祥看透了曹、吴二人的本质，对他们的所作所为非常不满。就在这一年吴佩孚五十大寿时，各方人士都竞相巴结，携贵礼祝贺，冯玉祥却派人送来一个坛子。吴佩孚打开一看，里面装的不是酒，而是清水，另外附张条子，上写"君子之交淡如水"。吴佩孚看后冷笑说："知我者焕章（冯玉祥）也！"自此，他心中更加痛恨冯玉祥。

一年后，直奉两系再次发生战争。吴佩孚任命冯玉祥为第三路军总司令，开赴热河作战。他表面上任命冯玉祥为这一路军的总司令，实际上是想置他于死地。这一路不仅路途遥远，而且山脉横亘，道路崎岖，行军极困难。还有北方气候寒冷，人烟稀少，往往百里之内见不到一个人影，根本筹不到粮饷。况且冯玉祥一向不愿搜刮地方，吴佩孚企图借刀杀人，假奉军之手消灭冯玉祥和他的部队。

冯玉祥当然明白吴佩孚的歹毒用意，因此他率部出发前，与部下胡景翼、孙岳等人密议要发动政变，推翻曹、吴统治的北京政权。冯玉祥只带领部队走出一半路程，便私下从半路上杀回北京，以迅雷不及掩耳之势囚禁了曹锟，并迫使他以总统的身份下令免去吴佩孚一身兼任的所有职务。此时，吴佩孚正在山海关被奉系军阀张作霖打败，前有强敌后无退路的他最后从海上逃往长江一带。

1924年10月18日，冯玉祥发动北京政变，囚禁曹锟。

曹锟被逼下台后，冯玉祥将部队命名为中华民国国民军，脱离直系所属。一贯痛恨封建帝制的他，早在讨伐张勋收复北京时，就曾决意将溥仪驱逐出紫禁城，当时为段祺瑞所阻。这次他发动北京政变成功后，更是下定决心把这个清朝废帝赶出皇宫去。在冯玉祥的直接干预下，新任内阁总理黄郛召开临时内阁会议，修改了清室优待条件，即永远废除皇帝称号，将故宫一律开放，备充图书馆、博物馆之用，一切公产当归民国政府所有。

驱逐废帝出皇宫的事，冯玉祥特意受命爱将鹿钟麟去执行。此时鹿钟麟已是北京警备总司令，他会同警察总监张壁、社会知名人士李煜瀛，以及20名军警来到紫禁城。清廷内务府大臣绍英慌忙出迎，闻知来意后，他问道："我大清入关以来，宽宏为政，没有对不起百姓的事，况优待条件尚在，怎么能够这样办呢？"

"你这是在替清室说话。"鹿钟麟义正严辞地回答道，"清朝入关以后的'扬州十日'和'嘉定三屠'，老百姓是永远忘不了的。况且张勋复辟，颠覆民国，优待条件早为清室所毁弃。当时全国军民一致要求严惩复辟祸首，到现在还是一个悬案。最近摄政内阁成立，各方又纷纷提出惩办复辟祸首的要求，群情愤激，就要直接采取不利于清室的行动，现在宫内外已布满军警，

北京警备总司令鹿钟麟

如果不是我们劝阻他们先不要动手，恐怕已经出乱子了。"

绍英不敢再说什么，只好进去通报溥仪。

溥仪听到绍英通报，心中大惊，答应立即出宫。随即交出印玺，收拾私物，在鹿、李、张三人的监视保护下，一同离开紫禁城。从这一天起，这位大清帝国的末代皇帝成了一个普通的平民。他先是移居到什刹海的醇王府，接着，由醇王府迁至日本公使馆，再后来，从日本公使馆逃往天津日租界。

溥仪出宫

西北建军　出师北伐

冯玉祥在北京所做的一切事情，令孙中山振奋不已，他从广州致电给冯玉祥，称："义旗聿举，大憨肃清，诸兄功在国家，同深庆幸！建设大计，即欲决定。拟即日北上，与诸兄晤商。先此电达，诸维鉴及……"言下之意，要亲身到北京来与冯玉祥会晤。

冯玉祥立即回电孙中山："辛亥革命未竟全功，致令先生政策无由施展，今幸偕同友军，戡定首都，此后一切建设大计，仍希先生指示，万望速驾北来，俾亲教诲是祷。"并派马伯援为代表持亲笔信前往广东迎接孙中山。

正当孙中山携夫人宋庆龄等一行20余人，日夜兼程赶赴北京的途中，冯玉祥竟干了一件蠢事！出于对时局错误的判断，想利用皖系牵制直系，他又拥戴下野后蛰居在天津的皖系头子段祺瑞，出任国民军大元帅。没想到，直系的头子吴佩孚倒是被他们整垮了，可野心不死的段祺瑞竟趁机联合奉系的头子张作霖，再次篡取了北京政权。于是，北京的局势急转直下，完全超出了冯玉祥的控制。

段祺瑞的背信弃义使得冯玉祥心灰意冷，因为耻与段祺瑞为伍，他不顾各方挽留，坚决辞去陆军检阅使之职，并动身前往曾经"养病"的京西天台山去了。临行前，冯玉祥抱着愧疚的心情，嘱咐鹿钟麟说："孙先生到京后，一定要尽力保护。咱们的队伍，就等于是孙先生的队伍，应听孙先生的招呼。"

然而，孙中山经过长途跋涉，到了北京的时候，已经病得很重了，只能住进医院里。冯玉祥一来对孙中山心怀愧意，二来不想再过问世事，因此没有亲自到医院里看望孙中山，而是让夫人李德全携自己的亲笔信，去谒见他这位素未谋面的知己。李德全探望孙中山之后仅几天，孙中山便因肝病不治而离开人世！噩耗传来，隐居在天台山上的冯玉祥不禁放声悲哭，他无比痛憾地说："如今一代伟人死了，知道我了解我的人不在了。"

再说段祺瑞，他虽然重新掌控了北洋政府，可冯玉祥的离去，使得张作霖在内的三角局面被打破。段祺瑞担心因此而受制于张作霖，于是他几次三番邀请冯玉祥出任西北边防督办，而冯玉祥均表示不感兴趣。

冯玉祥本来打算这段时间闭门隐居，静静读书，可不断有方方面面的人物来拜访。国民党要员徐谦来到天台山上，给冯玉祥分析时局说，察哈尔、绥远接近蒙古国，如果接受西北边防督办一职，统辖这些地域，苏联的援助物资比较容易运输进来。经徐谦这么一点拨，冯玉祥欣然接受了段祺瑞的委任，他离开天台山，举家来到张家口，走马上任西北边防督办之职。不久，北洋政府又命冯玉祥兼任甘肃督办。

冯玉祥甫到西北，耳闻目睹了很多帝国列强欺辱中国的事情，他很生气，决心要好好整治一下西北的环境。本来京绥铁路上货运的惯例，凡是外国商人运货，只需缴纳一次关税，即可直达目的地，不用再缴。而且洋人倚仗帝国主义的势力，毫无凭据的拥有货运优先权。而中国商人的货运不但手续极为复杂，而且关税层出不穷，缴纳一次又一次。还必须无条件地等待洋人货运之后，才轮到自己。

为了这事，冯玉祥找到路局负责人，命令其把所有的规矩都翻过来，怕事的人都劝冯玉祥犯不着得罪洋人，冯玉祥则说："我以为此事办得最为合理。因为一则京绥路是中国的铁路，中国人自当享有优先权；二则中国国民经济，处处受外商压迫，不能抬头，国家理当尽力扶助提倡，以挽权利。"一番话说得那些怕事的人哑口无言。从此,京绥铁路上的一切规则,均以中国商人的利益为重。

在察绥一带,有个英国人开的合记公司,专门从事畜牧业,养了20多万头羊,占据中国的土地不说,还雇佣中国的劳力,且从不纳税。长久以来,这事都无人过问。冯玉祥听说后,立即派人去把合记公司的羊全部没收回来,羊肉供将士们吃了,羊皮全做了军衣。英国老板得知此事后,气急败坏地把冯玉祥通过英国大使馆告到外交部,但是外交部也拿不出任何条约依据法办冯玉祥,英国老板只能哑巴吃黄连——有苦说不出了。

冯玉祥任西北边防督办兼甘肃督办,自然少不了与外国人打交道。对于外交的政策,冯玉祥的原则就是决不妥协。有一次,出于公务需要,冯玉祥的外事处长唐悦良和外交专员包士杰两个人,与一位日本驻张家口的领事在一起吃饭。这个日本领事非常狂妄,喝着喝着酒,突然发起脾气来,把唐、包二人一顿臭骂。

唐悦良与包士杰满头大汗、气喘吁吁地跑回驻地,冯玉祥一见以为出了什么乱子,忙问怎么回事?唐、包二人将事情的经过一说,冯玉祥听完这个气呀,愤愤地对他们说:"你们说的这话真叫我特别的恨!他只一个人,你们是两个人,骂也没有你们嘴多,打也没有你们手多。为什么白白地受他一场骂,丧失自己的颜面,辱没国家

的体统呢？"接着又说："若出了事，我替你们担当。现在你们要赶快回去，骂还他一顿回来，否则你们不要回来见我！"

有了冯玉祥的撑腰，唐、包二人立时胆气壮了许多，他们果然转回去，痛痛快快地大骂了那日本领事一顿。那日本领事被骂得目瞪口呆，想不明白为什么刚才还被自己骂的两个人，会突然返回来骂了自己一顿。他稀里糊涂的眼睁睁地看着二人骂完自己，扬长而去。日本领事是个欺软怕硬的家伙，这件事就此不了了之了。

在张家口，冯玉祥经常各处走动，不但考察民间疾苦，还加强了对军队的训练。这一时期，共产党方面也

冯玉祥（左前）在张家口与鲍罗廷（中）商议援助计划

在争取冯玉祥的靠拢。通过徐谦做中间人，冯玉祥结识了共产党北方区执行委员会书记李大钊。在李大钊的帮助下，冯玉祥不但得到了苏联军火物资的援助，而且还得到了苏军专家技术的支持。这样，他将自己的部队继续扩大人员和兵种，终于将这支以国民军为基础的部队建立成赫赫有名的"西北军"！

西北军中，韩复榘、石友三、孙连仲、孙良诚、张维玺、刘汝明、佟麟阁、过之纲、葛金章、闻承烈、程希贤、韩多峰、韩占元，人称冯玉祥的"十三太保"！此外，傅作义、张自忠、宋哲元、冯治安、赵席聘、刘敏祺等人，也都是冯玉祥麾下能征善战的骁勇大将。真可谓人才济济，威震一方！

这时期，帝国主义者对冯玉祥的攻击造谣，开始频频见之于世。其中有一个名叫布施胜治的日本小子，匆匆写了一本书，书中说冯玉祥已与苏俄秘密签订协约。这份密约有多少章多少节，若干条若干款，都写得清清楚楚，让人一看简直就是千真万确，实有其事。一时间，这个谣言竟在国内外掀起了很大一番风波。几年以后的民国十七年（1929年），冯玉祥在南京又见到了那日本小子，问他说："那时你对我捏造那种谣言，今天还有脸来见我吗？"

"请您原谅"，布施胜治说着，深深地对着冯玉祥鞠了一躬,"那是人家以两万元代价雇我写的,看在金钱面上,我只好写了"。

"你真是把读书人的脸都丢尽!"冯玉祥很是轻蔑地说道。他本想多教训那日本小子几句,可看对方那种无良的浪人神气,觉得很是讨厌,便转身走开了。

冯玉祥率军驻守西北时,他的大儿子冯洪国正在天津南开中学读书,放假时要回张家口,南开中学的校长张伯苓是冯玉祥的老熟人,他给冯洪国买了一张头等火车票。这事冯洪国回到家没敢告诉父亲,但冯玉祥还是知道了,他立刻把儿子叫来训斥说:"你有什么资格坐这种车?我还没有坐过,你凭什么坐?"冯洪国被父亲训斥的不敢作声,可冯玉祥还是不肯就这么饶恕他,他叫勤务兵带儿子去掏驻地的茅坑,以示惩罚。勤务兵自然难以这么做,于是就替冯洪国掏了。没想到这事又叫冯玉祥知道了,他批评了勤务兵几句后,非让儿子自己动手掏完才算了事。

由于不管是冯玉祥本人,还是夫人李德全和孩子们,一家人每次出行都是买三等车票。因此很多年以后,冯玉祥带全家乘专列从浦口北上,孩子们见到专列忍不住惊喜地说:"这是什么车呀,这么好,我们没有见过!"冯玉祥很坦然地说:"那是因为妈妈永远都带你们坐三等车,所以你们没见过。"

常言道："树欲静而风不止。"正当冯玉祥专心致志在西北建军的时候，局势果然如段祺瑞所料，野心勃勃的张作霖开始不断扩张地盘，势力已经延伸到沿海及长江各省。这年秋季，恰逢日本举行大操之典，冯玉祥和张作霖都接到请柬。冯玉祥派韩复榘率团前往观操，而张作霖派出的是一位年轻的军官，叫郭松龄。

郭松龄是位年轻有为，颇具作战能力的军官。他每每与韩复榘交往时，言谈举止中无不流露出对张作霖穷兵黩武的不满。从日本回国后，郭松龄通过韩复榘亲自拜见了冯玉祥，倡议共同起兵讨伐奉系。冯玉祥为了革命大义，一口答应了这个年轻军官的请求。随后，郭松龄集结七万人马，打起"东北国民军"的旗号，与冯玉祥兵合

郭松龄将军

一处，发表"讨张檄文"。冯、郭联军一路攻无不克，先拿下滦州，又攻陷山海关，再占据秦皇岛，最后夺取张作霖重兵设防的锦州。

就在冯、郭二人联手，眼看就要直逼奉系老巢奉天时，战局发生了逆转。原来，日本怕失去在东三省的既得利益，他们公开出兵干预，协助张作霖。日军在利诱郭松龄未果的情况下，残忍地将其围捕杀害。郭松龄的牺牲，给了冯玉祥不小的刺痛，同时更激化了他与张作霖的仇怨，他隐隐预感到自己必定将与奉系部队有一场大战。而此时，图谋再起的吴佩孚已与张作霖握手言和，化敌为友，准备联合攻打冯玉祥。

冯玉祥在库伦与苏方人员会面

冯玉祥面对险恶的形式，他考虑再三，决定出国考察。第二年的头一天，冯玉祥即通电下野，将军权转交给部下张之江执掌，并任命他为西北边防督办。随后，冯玉祥带领家人及随从一行，离开张家口，踏上访问苏联的旅程。途径蒙古国的库伦（今蒙古国首都乌兰巴托）时，冯玉祥又遇到了徐谦，徐谦也伴随冯玉祥一同到了莫斯科。

然而，就在冯玉祥行走莫斯科期间，国内的坏消息接踵传到莫斯科。先是直系的吴佩孚、奉系的张作霖联合山东的军阀张宗昌组成"讨赤军"，以讨赤为名，共同剿伐冯玉祥的西北军。然后是山西的军阀阎锡山听信谣言，率其晋军也加入直、奉联军的行动中来。四面受敌的西北军，在张之江和鹿钟麟的指挥下仅能勉力抵抗，

奉军炮击冯玉祥部

可是经过南口要塞一战后，损失惨重，几近毁灭。

冯玉祥接到战报，心急如焚，他把家属留在苏联，自己和其他人等匆忙启程回国。他们刚一回到离别9个月的西北军总司令部驻地绥远省（中国旧省级行政区）五原县，听到风声的本已溃散的西北军将士便纷纷从四面八方来迎接。冯玉祥大为感动，他当即召集西北军将领鹿钟麟、宋哲元、方振武、弓富魁、何其巩、石敬亭、孙岳、徐永昌等，以及国民党中央执行委员于右任，共产党员刘伯坚，苏联军事顾问乌斯马诺夫一众人，共同商讨军机大计。

国民军联军总司令冯玉祥

这一次，冯玉祥将所部西北军改编成国民军联军，他就任联军总司令，鹿钟麟就任联军总参谋长，全军在五原城内举行了誓师授旗典礼仪式。当下的局势，国民党与共产党正在进行合作，国、共两党共同起兵发动的讨伐

北洋军阀的战争正打得如火如荼。冯玉祥在访苏期间，会见了苏军统帅伏罗希洛

国民军联军总司令印

夫及各界人士，使他对孙中山的"联俄、联共、扶助农工"三大政策和"民主、民权、民生"三民主义纲领，都有了更加深刻的理解和认识。为了捍卫孙中山的革命真理，和坚持自己的革命信仰，冯玉祥毅然决定班师出兵，参加北伐！

出征前，冯玉祥命国民军联军的全体将士加入中国国民党，是以师出有名，并郑重地向全国发出誓师宣言："国民军之目的，以国民党之主义，唤起民众，铲除卖国军阀，打倒帝国主义，求中国之自由独立，并联合世界上以平等待我之民族，共同奋斗，特宣誓生死与共，不达目的不止，此誓。"此后的短短两个月的时间，国民军联军不但剿灭了陕西各地的匪患，而且攻占了西安。

第二年，国民党武汉政府将冯玉祥的部队改编为国民革命军第二集团军，任命冯玉祥为第二集团军总司令。

大军继续北伐，冯玉祥将所部分为6路，孙良诚率中路军为主力，由华阴出潼关，向洛阳、郑州挺进；鹿钟麟率东路军由孟津渡黄河，向直隶进发；岳维峻率南路军出紫荆关趋南阳；徐永昌率左路军出陕北经太原、出娘子关；孙连仲率右路军保护陕鄂交通；宋哲元率北路军留守陕西，以为后援。

冯玉祥亲自坐镇中路军，出潼关后，一路攻克灵宝、陕州、洛宁、渑池等地。沿途击败直系刘振华部。刘振华溃败后，退居铁门镇与直系张治公兵合一处。而铁门镇很快就被孙良诚率部击破，刘振华和张治公只好退入

冯玉祥在潼关向开上前线的部队训话

新安城。可新安城被随后杀来的孙良诚再次攻破。自此，直系的这部分主力被冯玉祥一举歼灭。而吴佩孚另外的重要力量，则被共产党人叶挺所领导的独立团摧毁。

攻取新安城后，冯玉祥的中路军继续向洛阳进发，途经磁涧时与奉系万福麟部交火。奉军人精马壮、武器精良。冯玉祥的军队在他出国时，经南口战役遭受重创后，重武器损失殆尽。眼前的情形，不可强攻。孙良诚为人机敏，他率部采取左右包抄的巧妙攻势，智取了对方。当冯玉祥的大军开到洛阳时，驻守在那里的吴佩孚明白自己的直系肯定是土崩瓦解了，他急急如丧家之犬，一溜烟地逃走了。

冯玉祥留下一部分军队驻守洛阳后，自己与孙良诚又率部直逼郑州。郑州之前的黑石关，是进入郑州的天险，张作霖派奉系大军据险死守，企图与冯玉祥在那里展开死战。冯玉祥久经沙场，自然看得明白，他命孙良诚的中路军与鹿钟麟的东路军兵合一处，向奉军发起猛烈攻击。渐渐地，奉军不敌，弃关败回黄河以北，郑州遂被冯军收复。

冯玉祥的中路军在正面战场取得节节胜利的同时，其他路军也把敌军打得落花流水，一些重镇相继被冯军克。至此，河南战局基本平定。

北伐战争取得初步胜利后，冯玉祥与武汉北伐军总

冯玉祥向作战有功的将领颁发奖状

指挥唐生智在郑州会师。武汉国民政府在郑州召开会议，由于冯玉祥在军事上取得了重大胜利，因此，武汉国民政府主席汪精卫赋予他很多大权，特别还任命他为河南省主席一职。会后，唐生智率部回师湖北，冯玉祥则驻守河南。此间，他难以忘怀为讨奉牺牲的郭松龄，遂为其铸立铜像，以纪念他不死的革命精神，和永垂的革命功勋。

自成一派　助蒋剿奉

实际上，郑州会议给冯玉祥和武汉国民政府两方面都没有留下什么好印象。冯玉祥出身贫苦，一生提倡节俭，而且军纪严明，他走到哪里都是身着粗布军装。而汪精卫等国民党要员却是一贯奢侈腐败，自由散漫。因此，冯玉祥派人给汪精卫送去一副对联，字字刻薄：

上联：一桌子点心，半桌子水果，哪知民间疾苦

下联：两点钟开会，四点钟到齐，岂是革命精神

横批：官僚旧样。

而在汪精卫的眼中，冯玉祥就是个"怪物"，有专车不坐偏坐大车，有好饭不吃专啃窝头，有高档的服装不穿非穿粗布衣裳，简直不可理喻。

郑州会议是冯玉祥和汪精卫合作的开始，也是分歧的开始。

不久，国民党方面背信弃义，频频发动反革命事件，

中华爱国人物故事
ZHONGHUA AIGUO RENWU GUSHI

冯玉祥与汪精卫等在郑州举行会议

大肆屠杀共产党人和革命群众,致使国共合作破裂。同时,国民党内部发生重大分歧,汪精卫不但反共产党,而且开始反蒋介石。蒋介石曾追随孙中山革命多年,既是孙中山的得意门生,又担任过黄埔军校的校长,自然非同等闲之辈,他哪里会吃汪精卫的一套!得知汪主席不能容自己,时任国民革命军总司令的蒋介石迅速做出回应,他在南京另立国民政府,与以汪精卫为首的武汉国民政府公然对着干。

于是乎,在这种形势下,手握重兵的冯玉祥成了蒋介石与汪精卫竞相争取的对象。

蒋介石致电冯玉祥,邀请他到徐州会面。冯玉祥抱着调和国民党内部矛盾、共商党国大计的心态，来到了徐州。他一下火车，便看见蒋介石亲自带着仪仗队毕恭毕敬地站在那里迎接。冯玉祥大为感动，心想蒋总司令地位甚高，竟能如此礼贤下士，不禁对他肃然起敬。二人热烈地拥抱在了一起，大有相见恨晚之意。

当晚，蒋介石在冯玉祥下榻的花园饭店为他接风洗尘。席间，南京国民政府主席胡汉民会同吴稚晖、李石曾、蔡元培、张静江、李烈钧等高级将领一同作陪。大家谈笑风生，气氛颇为融洽。第二天，蒋介石特意为冯玉祥召开了一次会议，他在会上称誉冯玉祥为"民众救星"，并答应每月拨给他军饷。之后，两人谈到继续北伐，欲彻底剿灭直系、奉系军阀的残余势力。接着，又谈到对待武汉国民政府及共产党人的态度。最终，一切

1927年6月，蒋介石在徐州欢迎冯玉祥（右六）

一切的问题，蒋、冯二人均达成共识。

　　蒋介石的慷慨解囊，更增添了冯玉祥对他的好感。徐州这次会议，促成了蒋、冯二人的合作。同时，徐州会议也导致了冯玉祥唯一的一次错误反共决定。会后，他回到河南，将所部第二集团军中的以及在河南地方工作的共产党员，全都调集到了郑州，宴请大家之后，便宣布说："你们到我这里帮了忙，但你们要反蒋，我是不能干的，我要和蒋介石合作反张作霖。在我的军队里穿二尺半的都不能反蒋，你们要反蒋，愿意到哪里去就去哪里吧！"

　　说完，冯玉祥命令赠送给这240名共产党人路费盘缠，按照级别每人获赠50元到100元不等，其中送给刘伯坚1 000元。然后，用一辆军车将大家拉到武胜关。后来，这些共产党员大多去了武汉，少数人去了西北。而苏联的军事专家顾问乌斯马诺夫、鲍罗廷等人，亦被冯玉祥以礼相送回国。

　　冯玉祥虽然在他的辖区内进行了一定程度的"清党"运动，但和蒋介石、汪精卫的反共行为有着本质区别。他对共产党人既没有采取残酷迫害，更没有进行血腥屠杀。乌斯马诺夫对冯玉祥此举评论说，这都是幼稚病，是革命的过程中所避免不了的。

　　面对冯玉祥与南京国民政府的亲密接触，武汉方面的汪精卫当然不会坐视不理。民国十五年（1927年）秋天，武汉国民政府任命唐生智为国民革命军第四集团军总司令，派其率军东征，讨伐蒋介石。与此同时，在国民党反共各派中，反对蒋介石的不只武汉汪精卫一派，广东的李济深、黄绍竑，广西的李宗仁、白崇禧等也都在排挤蒋介石。蒋介石四面楚歌，只好以退为进，通电宣布下野，只身去了日本。

蒋介石走后，汪精卫也未能如愿地当上国民党各派的领袖，他的处境与此前的蒋介石没什么两样，各派"反蒋"成功后，即开始"反汪"。继蒋介石下野整整一个月之后，汪精卫也被迫宣布下野。这一时期，李宗仁趁机把持了南京国民政府，而北洋军阀中的实力派人物孙传芳、张宗昌也纷纷率军卷土杀来，孙传芳还夺下了徐州。国民党各派群龙无首，大家同意成立一个临时性的机构——中央特别委员会，各派派代表参加，共同决定党国大事。

局势错综复杂，对冯玉祥极其不利，他想到去联合阎锡山。因为，一来阎锡山和自己一样，长期以来一直遭受着张作霖的威胁，可谓同仇敌忾；二来阎锡山已成为国民党中的高级将领，可以说是自己人。原来，山西军阀阎锡山在北伐战争刚一开始的时候，采取了坐山观虎斗的姿态，既不向国民党政府妥协，也不出兵帮助吴佩孚和张作霖。等到直、奉军队被打垮，老奸巨猾的阎锡山见风使舵，他接受了国民党军队的收编，就任国民革命军第三集团军总司令。就这样，共同的利益驱使阎锡山与冯玉祥暂时走到了一起。

蒋介石在日本下野期间，就做了两件事：一是确立了与宋美龄的婚事；二是争取日本、美国等帝国主义的支持。在日本待了一个多月后，蒋介石踌躇满志地回到上海，并在上海与宋美龄完婚。通过冯玉祥与阎锡山在国民党内的斡旋下，蒋介石恢复国民革命军总司令一职。其后，国民党在南京召开二届四中全会，改组国民政府，废除此前临时成立的特别委员会。

会上，蒋介石依靠其夫人宋氏家族的势力，日、美等国的帮助，冯、阎二人的努力，使他顺利地当选为"国民党中央政治委员会主席"和"军事委员会主席"。陆续的，国民政府又任命李济深为国民革命军总参谋长，已是国民革命军总司令的蒋介石兼任第一集团军总司令，冯玉祥、阎锡山仍为第二、第三集团军总司令，李宗仁为第四集团军总司令。

国民政府还决定，在外地设四个政治分会，即广州政治分会，主席李济深；武汉政治分会，主席李宗仁；开封政治分会，主席冯玉祥；太原政治分会，主席阎锡山。从此，国民党内蒋、冯、阎、桂四大派系形成新的局面。

蒋介石对于冯玉祥在他危难时刻的不离不弃，十分感激。他亲自从南京来到开封，在冯玉祥的第二集团军司令部，二人举行了结拜仪式，互换兰谱，正式结盟。蒋介石在送给冯玉祥的帖子上写道："安危共仗，甘苦共尝；海枯不烂，生死不渝。"而冯玉祥送给蒋介石的帖子也写道："结盟真义，是为主义；碎尸万段，在所不计。"结拜完毕后，蒋介石以义弟的身份，谦逊地说道："我们既成了无话不说的弟兄，希望大哥有所指教。"

"老百姓是我们的主人。老百姓喜欢的事，我们做；老百姓不喜欢的事，我们万不要做。"冯玉祥也以大哥自居，直言不讳。

"大哥还有什么事没有？"蒋介石依然不失规矩地问道。

"如果我们能实行刚才我说的话，我们就能实行中山先生的三民主义。你若再问我，我就告诉你，我们要与士卒共甘苦。兵不吃，我们不要吃；兵不穿，我们不要穿。你若能实行这些话，我们的革命一定会成功。"冯玉祥也依然以兄长的口气，直言相告。

"好，我们一定这样做。"蒋介石态度十分明确地表示听从。

冯玉祥年长蒋介石5岁，被蒋介石称为大哥。自此，

这对结义兄弟开始了长达20年的恩怨。

蒋介石重揽国民党军政大权于一身,与下野前已是不可同日而语。他明里说自己是孙中山事业的继承者,国民革命的领导者,可实际上他已经背叛了孙中山的新三民主义和三大政策,背叛了国民革命。共产党是忠实于孙中山的主义和政策、致力于国民革命的,却被蒋介石污蔑为"妨碍"和"破坏"。蒋介石一面呼喊"对于共产党的势力须要有坚定的决心,从根本上来铲除消灭",一面下令继续北伐。

这时要继续北伐,必须先将徐州从孙传芳的手中夺回。关键时刻,又是冯玉祥替义弟蒋介石挑起了大梁。冯玉祥的部将石友三打败了孙传芳部,徐州失而复得,而方振武也击溃了张宗昌部。铩羽败走的孙、张二人不肯就此屈服,他们与国民革命军再次北伐的头号对象张作霖联合在一起。孙传芳的直军、张宗昌的鲁军与张作霖的奉军,兵合一处,组成"安国军"。张作霖亲任安国军总司令,指挥大军对抗蒋介石。

国民革命军的四个集团军全部兵力有70万人,而安国军全部兵力只有40万人。蒋介石与冯玉祥等人制定了周密的作战部署:第一集团军沿津浦路北进,循泰安、济南、沧州,直取天津;第二集团军在京汉路以东、津浦路以西作战,自新乡向彰德、大名、顺德一带北上,右与第一集团军，左与第三、四集团军联系，会攻京津；第三集团军沿京绥线及京汉线以西地区前进，同各集团军会师京津；第四集团军循京汉路，经郑州、新乡，向正定、望都一带集中，为第三集团军的后援，直捣保定和北京。

仅用了十几天的时间，冯玉祥的第二集团军便攻克兖州、济宁，与蒋介石的第一集团军在泰安会师。旋即，蒋介石率部进驻济南。而安国军中，坚守东面战线的孙传芳部直军、张宗昌部鲁军向北败走，他们这一撤退，西面战线的张作霖的奉军也坚持不住了。接着，冯玉祥的第二集团军又进占顺德、大名，阎锡山的第三集团军也攻过娘子关，向石家庄进发。此时，张作霖已然走投无路，只好率领奉军向关外逃去。

就在国民革命军继续北伐取得节节胜利的时候，日本关东军眼见自己一直扶持的奉系军阀溃不成军，便悍

日军炮击济南

然在济南发动大屠杀，蓄意阻止北伐的胜利。济南血案中，日军共杀害中国军民3256人，震惊中外。对于日军惨无人道的行径，蒋介石不敢过问，他打算将烂摊子交给义兄冯玉祥处理。本来冯玉祥还不知道济南发生了惨案，正欲一心将北伐进行到底的他忽然接到了义弟的来电，说济南有事，需要他过去。他到那一看，才知道了一切。

　　蒋介石见到冯玉祥后，将一切军事指挥权交给了他，并问他有什么意见。冯玉祥说："对于这事，各人有各人的立场。以我一个革命军人的身份来说，我主张不顾一切，拼命和日本鬼子干一场，马上给他一个反击，先把济南的日本兵消灭掉，让他认识认识中国的革命力量，不是可以随便欺侮的！"蒋介石听了他的话，摇摇头说，还是从外交方面着手办理这个事吧。说完，蒋介石撤离济南，躲到徐州去了。

　　济南惨案令冯玉祥无比心痛，他得不到蒋介石的支持去打日本人，只能把血泪化作一首《国耻歌》，以祭奠死去的同胞。冯玉祥在歌词中写道：

　　　　亲爱的同胞呀！
　　　　我们要夺回济南雪尽国耻！铲除国贼！
　　　　经济绝交！把伊粮缺！
　　　　奋斗牺牲！战胜一切！

努力！努力！

我们有锐利的枪、炮！

我们有鲜红的热血！

伤心过后的冯玉祥接过蒋介石的"指挥棒"，领导大军继续北伐，按照预定计划，他的第二集团军与其他几路军队胜利在京津会师。

与此同时，正乘火车出逃的张作霖被日本关东军炸死于皇姑屯。张作霖虽然积极寻求日本人的帮助，盘踞东北，但他从不许以日本人任何利益。因此，日本方面可以说恨透了张作霖，今番他落难已再无利用价值，日军遂决定将他暗杀。张作霖死后，他的儿子张学良继续领导奉军向关外撤退。长达16年的北洋军阀割据的局面，自此灰飞烟灭。

北伐大业胜利完成后，国民政府接收京津等地，冯玉祥所部的兵力已增加到40万之众，强大的军事实力让他在国民党军界、政界中有了举足轻重的地位。于是，蒋介石开始担心这位义兄势力发展过快，将来恐怕难以控制。想到此，他找来阎锡山，同阎锡山交换了对冯玉祥为人的看法。

本来，国民党四大派系中，除了蒋派，其他冯、阎、桂三派都认为占据京津地区有利于自身实力的发展，所以都积极进取，力争先入为主。而阎派主要的竞争对手便是冯派，因为桂派出兵较晚，投入兵力又少，无力同阎、冯二派竞争。这时，蒋介石问阎锡山对冯玉祥的意见，阎锡山正好落井下石，他说："请你翻开历史看看，哪个人没吃过他（冯玉祥）的亏？"听了这话，蒋介石愈发觉得冯玉祥是威胁，不可靠。于是，蒋、阎二人密谋了一桩政治交易。蒋介石同意把直隶和京津的军政大权给阎锡山执掌，而阎锡山则支持蒋介石的统一领导。

为了这事，蒋介石特意到新乡与冯玉祥会面，他先不表明自己的态度，而是征求冯玉祥对于直隶和京津地盘分配的意见。冯玉祥不明就里，表示一切遵从义弟的安排。冯玉祥的这种态度早就在蒋介石的预料之中，他趁势说道："大哥的第二集团军拥有鲁、豫、陕、甘、宁、青六省，已不算少了，而第三集团军才不过冀、晋、察、绥四省，也并不算多。况且京津两地外交关系复杂，不易应付，万一发生意外，难保不造成第二个济南惨案。大哥性情刚直，不适宜和外国人打交道，还是交给阎锡山去应付吧。"

冯玉祥倒是很希望得到直隶和京津，可他有言在先听从安排，只好淡淡地说："只要军阀国贼铲除干净了，我就十分满足了。别的事情，怎么办都可以，还是请你酌定吧。"就这样，直隶和京津地区的归宿问题被决定下来。

冯玉祥自五原誓师以来，转战万里，历尽艰辛，迎击奉军主力，付出巨大代价，论功行赏，理应得到更多的地盘和权力。但是，蒋介石不念结拜情义，将肥肉送到别人嘴里，冯玉祥已从中看出了自己与这位义弟之间关系微妙的变化。

蒋介石为了抚慰冯玉祥，给他安排了两个有职无权的闲职，一个是北平市市长，另一个是崇文门税关监督。冯玉祥以养病为由，拒不北上任职。之后，蒋介石准备在北平召开善后会议，冯玉祥依旧称病不去参加。经过蒋介石的再三敦请，冯玉祥这才乘车来到北平。北平即是当年的北京，这里冯玉祥是再也熟悉不过了，讨伐张勋复辟、出任陆军检阅使、发动首都革命、驱逐溥仪出宫，这一幕幕往事令他感慨万千。

冯玉祥到达北平的当天，国民党四大派系及一批党政要员，齐赴北平西山碧云寺，在孙中山灵柩前举行祭告典礼。蒋介石主祭，李宗仁、冯玉祥、阎锡山任襄祭。读罢祭文，打开棺盖，瞻仰孙中山遗容。这时，蒋介石扶棺痛哭，他哭的是孙中山，表白的却是他自己，意思是在众人之中，唯有他是嫡系。可惜蒋介石这种把自己凌驾于其他各派之上的把戏，当场就被人拆穿了，后边有人不耐烦地说："这样才显出他是嫡系呢，我们都不是嫡系，叫他哭吧，我们走了！"

蒋介石哭得并不专心，这些话他都能听得清清楚楚，感到再哭下去也是自讨没趣，便适时止住哭声，盖棺散会。

过了两天，冯玉祥在南口举行万人追悼大会，悼念两年前在南口大战中阵亡的国民军将士，祭场上白茫茫的一片，摆满了各界人士敬献的花圈挽联，而其中冯玉祥亲笔手书的一副挽联格外引人注目：

上联：不共国贼戴天，四月战边关，视死如归，数万健儿余白骨

下联：终教元凶授首，两年收燕蓟，招魂何处，一腔血泪奠黄沙

南口战役时，鹿钟麟亲历领导，所部将士苦战阵亡的悲壮场面，历历在目，他宣读祭文时，禁不住痛哭失声。而冯玉祥的讲话，更是声泪俱下，悲痛过度，几乎使他当场昏厥！

冯玉祥在举行南口祭灵大会的时候，也把蒋介石请了过来。祭灵仪式固然是对阵亡将士的一种告慰，但同时冯玉祥也要蒋介石明白，他才是真正实践孙中山主张并为此做出牺牲最大的人，而不是像某些人只会装腔作势而已。

与蒋决裂　喋血中原

从蒋介石给孙中山哭灵的当天晚上开始，蒋介石、冯玉祥、阎锡山、李宗仁、李济深及其他国民党要员，在北平举行了善后会议。会议连续开了四天，号召"团结统一"，但谈论的诸多问题均因各派意见分歧，最终不了了之。这个所谓的善后会议，竟然弄了个"无以善后"的结果，国民党要员吴稚晖为之解嘲说："好在国民党惯于会而不议，议而不决，这次会议当然无伤大雅。"

会议开完后，冯玉祥率先离开北平返回河南。而蒋介石在南返途中，却在蚌埠稍事逗留，他把第一集团军中的黄埔军校出身的上尉以上级别的军官召集起来，进行训话。蒋介石对他们说："北伐完成后，军阀是否被打倒了呢？你们认为已经打倒的，在纸上写'打倒了'三个字；若认为尚未打倒的，则写'未打倒'三个字。"说完，他命人发给大家纸笔。

这些军官不清楚蒋介石葫芦里卖的什么药，大家你看看我，我看看你，均据实写上"打倒了"三个字。蒋介石看后，表现得大不以为然，对他们说："你们认为军阀已经打倒了，其实不然。旧的军阀固然是打倒了，但是新的军阀却又产生了！我们要完成国民革命，非将新军阀一齐打倒不可。只有连新军阀一齐打倒了，革命才有出路。"

其实，蒋介石说这番话，是有他的用意的。在善后会议上，他抛出"军事善后案"和"军事整理案"，企图裁减或同化其他各派的军事力量，但遭到其他派系的一致反对。而其他各派也是各怀心机，未能拿出个一致的意见，军队编遣问题因此悬而未决，国民党政府决定将这个问题留待二届五中全会去解决。现在，蒋介石嘴里提出的"新军阀"，当然是指冯玉祥、阎锡山、李宗仁等人。

对于冯、阎、桂三派，既然削弱不行，同化也不行，蒋介石心想，那只有消灭你们了！蒋介石手下有个政客，名叫杨永泰，因善于出谋划策而受到蒋介石的赏识与信任，并因而当上了国民革命军总司令部的参议。这时，他又给蒋介石出主意说，取消各地政治分会，集权于中央，实行"调虎离山"和"离窝毁巢"之计。意思是调请各集团军首领到中央任高官，以夺其兵权，然后遣散他们各派的军队，由中央统一重新整编。

到了二届五中全会召开的日子，国民党四大派系及其他要员又齐聚南京。蒋介石按照杨永泰制定的计谋，在会上提出取消各地政治分会，却遭到其他三派与一些国民党元老的坚决反对。各地政治分会暂且得到保留，但是这次会议将蒋介石的裁兵计划列入了国民党"中央决议"。

国民党二届五中全会的召开，非但未能使各派"团结统一"，反而更增加了各派之间的裂痕。冯玉祥、阎锡山、李宗仁等虽然被国民政府委以职务，却拒不进京上任。蒋介石"削藩"的计划未能实现，便又施"调虎离山"之计，力促冯、阎、李等到南京供职。他首先在冯玉祥身上下功夫，以义弟的身份对冯玉祥说："北伐完成，是辛亥革命后的第一次真正统一。为了能让国际上耳目一新，只有各集团军总司令齐集首都，共同建立一个新的中国，这才有力量废除列强的不平等条约。"

看到冯玉祥没什么反应，蒋介石接着又说："这样的新中国由我们手里建成，在历史上是多么光荣的事啊！可是只有大哥你才有这种高瞻远瞩，旁人见不及此。所以希望大哥首先入京供职，把军、政大权统一于中央，以后中央的事务，我当一切听大哥的。只有大哥先到南京接受中央的职务，阎锡山、李宗仁他们便不敢不来，

大一统的新中国等于是大哥一手创造的！"

蒋介石更知道冯玉祥素以廉政治军，手头一向不宽裕，于是又把话题转到了部队军饷上来，说："多年来第二集团军确实太苦了，那是因为那时还未统一，财政没有办法。现在好了，以后部队都是国家的，大哥只要到了中央，绝对是一律平等待遇，我的第一集团军吃什么，你的第二集团军就吃什么。"

蒋介石的话，是一番连着一番，听起来让人觉得句句出自肺腑。冯玉祥一方面念及结拜之义，一方面感觉义弟的话不无道理，遂同意率先入南京上任。步冯玉祥的后尘，阎锡山、李宗仁等人也陆续进京赴职。蒋介石眼见着"调虎离山"之计成功，紧接着便开始实施"离窝毁巢"之计！

蒋介石既急于铲除其他派系的军事力量，又深恐各派联合起来对付自己，便开始在冯、阎、李三人之间进行挑拨和拉拢。这次他又是先去找冯玉祥，单独请他到南京市郊汤山温泉去洗浴，以示关系非同他人可比。蒋介石要冯玉祥拿出一个编遣军队的方案，冯玉祥心想，如果第二集团军编入人数超过第一集团军，势必得不到蒋介石的支持，因此他提出个拉平第一、第二集团军人数，削弱第三、第四集团军力量的方案。

可这只是冯玉祥一厢情愿的想法，蒋介石在摸清他的意见后，心里已另外有了打算。他秘密派出亲信，黄埔军校少将教官何应钦，叫他出面将阎锡山请到自己宅邸共商密谋。蒋介石暗示阎锡山能够提出一个拥护自己，压制冯玉祥的军队编遣方案。老谋深算的阎锡山一眼就看穿了蒋介石的心思，他虽然并不喜欢蒋介石，但能够与之联合抵制冯玉祥，也正符合他的心意。他便按照蒋介石的示意，提出一个将第二集团军削减人数最多的方案。

而李宗仁一派，平素便于蒋介石不是很和睦，只因惧怕蒋介石有冯玉祥的帮助而处处忍让。现在终于有机会离间蒋、冯二人的关系，李宗仁自是同意在军队编遣问题上，一致打压冯玉祥的第二集团军。

本来，在军队编遣问题上，各派首脑人物都有反蒋的意向。可是，经过蒋介石的拉拢和挑动，他们都转移了目标。当全国军队编遣大会开幕时，蒋介石将冯玉祥与阎锡山的方案都拿出来供大家讨论，结果自然是冯玉祥的方案被否决，而阎锡山的方案得到大数人支持。会议结束时，冯玉祥怒容满面，气冲冲地走出会场，回去以后就称病休假，不再去"军政部"办公。如此一来，编遣会议开开停停，各派系吵闹了近一个月的时间，也没有解决任何实质性问题。

不久，已经发现上当受骗的冯玉祥再次以"养病"

为由，离开南京，先是回到河南开封，旋即去了豫北辉县的百泉村。在冯玉祥临行前，蒋介石假意惺惺地前来送别，尽管二人此时还没有公然撕破脸皮，但是裂痕已经越来越深、无法弥合，以致后来兵戎相见。

冯玉祥走后，蒋介石消除异己的愿望依然是有增无减，编遣军队不成，他便开始采取各个击破的策略。蒋介石首先将矛头指向了李宗仁的桂系。因为，一则桂系所占地盘直接威胁着蒋介石统治的中心地区；二则桂系所辖地盘不集中，且实力相对较弱，比较好打。而李宗仁一派则看到蒋介石与冯玉祥关系破裂，认为反蒋时机成熟，亦有意与之一决雌雄。于是，双方剑拔弩张，大战一触即发！

阎锡山明确表示拥蒋讨桂，而冯玉祥则成了蒋、桂双方极力争取的对象。蒋介石派国民党委员邵力子去百泉村，请冯玉祥回南京来。冯玉祥明白蒋介石这是怕自己与李宗仁联合起来对付他，他回绝了邵力子的邀请，但答应出兵13万，助蒋反桂。命韩复榘为总指挥，会同石友三，率大军出师武胜关。同时，他让邵力子带回话去："如果蒋介石不改变专制独裁，即使能战胜桂系，但继之而起者仍将大有人在！"

与此同时，李宗仁也派出代表到百泉村，面见冯玉祥。实际上，冯玉祥对桂系的来人要比对邵力子友好得多，然而他对桂系只是表示同情，仅口头上支持李宗仁去讨伐蒋介石。这倒不是冯玉祥还幻想着与蒋介石合作，实则是他另有深意。

因为在冯玉祥看来，国民党内部这种派系之争，双方都不是维护正义的人，都是在为自己的私利而相互杀戮。所以他明里出兵助蒋反桂，暗里却让韩复榘率军做壁上观，先不要帮任何一方。如果蒋军一方获胜，便拥蒋讨桂；如果桂军一方获胜，便拥桂讨蒋。这样，既不损失兵力，又能除去一方祸害。

蒋、桂之战仅用了一周的时间，胜负便已分晓。原来，蒋介石用重金收买了桂系大将李明瑞、杨腾辉，二人突然临阵倒戈，致使桂军一败涂地，逃往鄂西。可是，蒋介石打败了李宗仁的桂军，占据武汉后，紧接着便把剿伐的目标直指冯玉祥。冯玉祥急命韩复榘、石友三迅速撤军，并炸毁武胜关的隧道，以阻断蒋军的前进之路。

冯玉祥自知与蒋军一战势所难免，他召集所部将领，列举蒋介石背叛革命，违反国民党党章；向日军妥协，丧权辱国；对各集团军待遇不平等，破坏团结；对豫、陕、甘灾情不闻不问，致使民不聊生等数条罪状。通电伐蒋！然后，冯玉祥部署大军集结潼关、华阴一带，准备与蒋介石誓死拼杀！

蒋介石深知冯玉祥的第二集团军是在西北军的基础

上发展壮大的,所部将士个个骁勇善战,勇猛异常。若真是硬碰硬的厮杀,未必能占到便宜。于是,蒋介石又把对付李宗仁的一套,用在了冯玉祥身上。

就在冯军积极备战的紧要关头,韩复榘、石友三突然宣布拥蒋反冯。这一消息,让冯玉祥顿感如同五雷轰顶!韩、石二人追随冯玉祥多年,是冯玉祥一手栽培起来的知名将领。可他万万没想到,正是这令他平素引以为豪的"十三太保"中的两员大将,居然抵抗不住金钱和地位的诱惑,公然背叛自己!

韩复榘与石友三之所以如此之快地倒向蒋介石一边,有两方面原因:其一,蒋介石为拉拢他们二人,事先以慰问的名义派人给每人送去几十万元的现金,并许诺他们倒戈后,可分别任命为河南省和安徽省的主席,另外再奖励五百万元作为经费。韩、石二人面对如此巨大的利益,没能把持得住;其二,冯玉祥的军队一向生活清苦,而韩、石二人早已不是初期的效忠革命者。随着官阶与地位的上升,他们已变得骄奢淫逸,为了这事,冯玉祥没少批评他们。因此,韩、石二人离开冯玉祥是迟早的事。

蒋介石接到韩复榘与石友三的投诚后,不但兑现了所有承诺,还将国民党驻陕甘一带的部队统归韩复榘指挥,石友三则被任命为讨逆军第十三路军总指挥。同时,蒋介石对外宣布，解除一切国民政府赋予冯玉祥的职务，并永远开除国民党党籍。

冯玉祥的一招不慎，导致自己无力再去单独对抗蒋介石，他想到了联合阎锡山。当冯玉祥派人去山西与阎锡山商量结盟时，阎锡山回复说如此甚好，但兹事体大，需要冯玉祥亲自到太原面谈。阎锡山真可谓老奸巨猾，他想，前番蒋介石打败了李宗仁，今番若再整垮了冯玉祥，那么蒋介石的下一个目标自然而然就轮到他头上了。因此，阎锡山想拿冯玉祥做筹码，来制衡蒋介石。

冯玉祥哪里知道阎锡山打的什么算盘，他满怀希望地来到太原，本以为很快就可以与阎锡山达成结盟反蒋的事。可没想到，阎锡山见到他只字不提蒋介石。开始时，阎锡山还热情地招待冯玉祥。过几天，冯玉祥竟然连阎锡山的面都见不到了。最后，阎锡山邀请冯玉祥移居建安村，可冯玉祥刚到那里，就被阎锡山软禁起来。冯玉祥发觉被骗，非常愤慨，他要求阎锡山出面解释，可阎锡山就如石沉大海，不见踪影。

从冯玉祥来到太原起，至被软禁在建安村。一转眼，前后几个月的时间被消磨殆尽！就在这一年的中秋之夜，冯玉祥突然看到阎锡山登门来拜访，他不禁大为诧异！可让冯玉祥惊讶的还在后面，阎锡山竟然当着他的面大骂蒋介石，并主动要求与冯玉祥联合起兵，一致反蒋。

在山西遭软禁时，冯玉祥（左三）与阎锡山（左四）合影

冯玉祥一时间不知所措，不知阎锡山所言是真是假，不好回答。

原来，阎锡山一边诱骗冯玉祥到太原，一边向南京致电蒋介石。表面上是要做蒋、冯之间的"和事佬"，意欲出面调停二人的争斗；实际上是暗示蒋介石，自己随时可以与冯玉祥结盟，出兵讨蒋。蒋介石也害怕阎锡山与冯玉祥勾结到一起对付自己，赶紧派人去联系阎锡山，答应停止军事争斗，并给阎锡山不少的好处。阎锡山得到了甜头，又不能把冯玉祥放走，只好把他软禁起来。

这样一来，冯玉祥的第二集团军失去了主心骨，渐渐地，各种困难接踵而至。尤以财政方面为最，已是捉襟见肘。蒋介石认为这正是分化冯派军事力量的大好时机，他派人接洽冯军中的高级将领，游说他们来国民政府就职，并答应各部给养补充。为了自保，冯军中的鹿钟麟、唐悦良、宋哲元等主要将领都纷纷投靠了国民政府。

阎锡山见此情形，大为恐慌，他深怕时间一长，冯军都归顺了蒋介石，手里的冯玉祥便不值钱了。到那时，蒋介石凭一己之力，足可以将自己消灭个干净彻底。阎锡山是个聪明人，他想到事态的后果，便马上采取措施

阎锡山（右二）到建安村迎接冯玉祥（右四）回太原

补救。当他把实情告知给冯玉祥后，冯玉祥自是欣然同意联合起兵伐蒋。

冯玉祥在太原密电宋哲元，令他等待克期与阎锡山联合举兵反蒋。同时，阎锡山也派人与冯军中的将领们联系，协商讨蒋大计，他知道冯军中缺少军粮钱款，答应一切财政支出由阎军承担。宋哲元接到冯玉祥密令后，表面上不动声色，暗中调动部队，并把消息通知给鹿钟麟，相约伺机而动。

一切准备就绪，到了起兵之日，冯玉祥的部将宋哲元、孙良诚、刘郁芬等27人联名通电讨伐蒋介石，并推举阎锡山为讨蒋军队总司令，冯玉祥为副总司令。由于阎、冯二人都不在当场，冯军本部由宋哲元任总司令，孙良诚为前敌总指挥。大军分路进发，浩浩荡荡向蒋军杀来。

中原大战前，冯玉祥的部队在潼关红场整装待发

战斗伊始,冯军士气旺盛,攻势猛烈。出西安,到潼关,进洛阳,接连占据一些重镇。可打着打着,事态出现了变化。除了先前叛变的韩复榘、石友三外,蒋介石免去了所有投靠到国民政府的冯军将领的职务,继而改用阎锡山的亲信接任。尤为重要的是,蒋介石许以阎锡山本人就任国民党军队副总司令一职,这个职位在国民党军阶中可是一人之下,万人之上!反复无常的阎锡山决定出卖冯玉祥,他把冯玉祥继续软禁在建安村,并将冯军的一切军事部署报告给蒋介石。

由于阎锡山的背信与出卖,使本来占据主动的冯军在蒋、冯大战中彻底失利,最后战败。得知此事后,冯玉祥悲愤交加,一度以绝食向阎锡山表示抗争!

民国十八年(1930年)初,鹿钟麟前往建安村会见冯玉祥,冯玉祥秘密指示鹿钟麟,回陕西重整西北军,并代理西北军总司令一职。接着,冯玉祥用米汤在一本《三国演义》上写了一封短信,要鹿钟麟带给宋哲元等人,信上说:"你们一定要设法对付阎锡山,能联合韩复榘、石友三一同动作更好,千万勿以我为念。而且只有你们这样做,我才能够有办法脱身。"

鹿钟麟遵照冯玉祥的嘱托,回到陕西联合宋哲元等冯军旧部,提出了"拥护中央,开发西北"的口号,并派出代表赴南京面见何应钦。鹿钟麟的代表对何应钦说:

"蒋介石是我们的敌人,但敌可以化为友;阎锡山却是我们的仇人,而仇则不共戴天。如果能给我们一批军火,我们西北军愿意听从中央编遣,并开往山西讨伐阎锡山。"何应钦当即表了态,只要西北军明确拥蒋反阎,马上可以得到中央的接济。

本来,蒋介石先后打败李宗仁和冯玉祥后,接下来自然是要对付阎锡山的,现在既然冯玉祥的西北军旧部有意助蒋讨阎,何乐而不为呢。

鹿钟麟与南京的国民党中央拉上关系后,又派人去河南找韩复榘、石友三联系,征求共同攻打山西的意见。韩复榘致电鹿钟麟说:"阎锡山好用权诈,搬弄是非,如不把他打倒,国家就不会太平。"鹿钟麟复电对韩复榘的立场大加赞扬,说:"我弟如举兵入晋,兄愿听弟指挥。"而石友三此时正伺机要取得一个地盘,他对鹿钟麟、韩复榘的决议也没有意见。

阎锡山闻听这些消息,大吃一惊,感到对冯玉祥的软禁已不起作用,一旦冯军旧部与蒋介石联合起来进攻山西,自己将要陷于十分不利的境地。为了摆脱危机,阎锡山即刻又改变了嘴脸,他再次到建安村去找冯玉祥,见面后,抱着冯玉祥痛哭流涕,痛诉自己前番是由于"误会",才对冯玉祥犯了大错,希望冯玉祥能大人雅量,冰释前嫌。并保证,这次定要同生死,共患难,一同反蒋到底。

阎锡山为了让冯玉祥能够相信自己，特意举行了歃血为盟的仪式。其后，他把冯玉祥接回太原，并把冯夫人李德全，以及他们的小女儿冯晓达聚到一处，设宴款待冯氏一家。席间，阎锡山再次自责，他尊称冯玉祥为大哥说："大哥来到山西，我没有马上发动反蒋，使大哥受些委屈，这是我第一件对不起大哥的地方；后来宋哲元出兵讨蒋，我没有迅速出兵响应，使西北军受到损失，这是我第二件对不起大哥的地方。现在我们商定联合倒蒋，大哥马上就要回到潼关，发动军队。如果大哥对我仍不谅解，我就在大哥面前自裁，以明心迹。"

阎锡山说这些话，意在探寻冯玉祥的态度，他见冯玉祥没有明确的表示，接着又说："从今以后，我的晋军吃什么、穿什么、用什么；大哥的军队也吃什么、穿什么、用什么。大哥回去以后，倘若带兵来打我的话，我也决不还一枪一弹。"见阎锡山把话说到这个地步，冯玉祥只好表态说："对以往之事绝无芥蒂，此后须彼此一德一心，共同倒蒋才是。"

冯玉祥动身从太原返回潼关时，阎锡山送给他五十万现款以充军饷，另赠200挺花筒手提机枪、两千袋面粉作为礼物。但阎锡山以不安全为借口，把李德全与冯晓达"挽留"在太原。冯玉祥明知阎锡山此举是对自己

不放心，扣留自己的妻女当人质，但他没有说什么，心想既已结盟反蒋，须当问心无愧才对。

冯玉祥对阎锡山的反复无常、背信弃义也是恨之入骨，他也不想与这样的人长期合作。他的策略是先联合阎锡山打倒蒋介石，然后回过头来再收拾阎锡山。因为在他的眼中，蒋介石是最不容易对付的，等扳倒了蒋介石，阎锡山就不足为患了。因此，冯玉祥回到潼关后，对他的西北军将士说："蒋介石是我们第一个敌人，我们现在必须联合阎锡山打倒蒋介石，等到蒋介石被打倒以后，阎锡山是容易对付的。"

这一时期，全国各地的反蒋力量都在寻求时机讨伐蒋介石。蒋、桂战争中败北的李宗仁逃往香港后又潜回广西，这次率其桂军也加入冯、阎联军中。北伐战争中逃往关外的张学良，在他父亲张作霖死后，就任东三省保安总司令，此次也带领东北军前来加盟。讨蒋联军宣告成立，大家推举阎锡山为中华民国陆海空军总司令，冯玉祥、李宗仁、张学良为副总司令。57人联名通电起兵讨蒋，26万大军兵分八路，杀向蒋介石的地盘。

冯玉祥决心联阎讨蒋，义无反顾，鹿钟麟当然是唯冯命是从。可正准备联冯讨阎的韩复榘听说此事，感觉进退两难。他身为河南省主席，如果与冯军作对，河南部队势将首当其冲，他的部将多为冯军旧部，保不齐有谁也会临阵倒戈。但若与蒋介石为敌，韩复榘也不愿意。经过再三权衡，他向蒋介石请求率部到山东境内抵御阎锡山的晋军。蒋介石获准了韩复榘的要求。但这次的石友三，则选择了拥护冯玉祥一边。

由于韩复榘的主动撤出，冯玉祥的西北军得以兵不血刃，非常顺利地占领了洛阳、郑州等中原重地，旋即开封、归德等地也被西北军进占。与此同时，李宗仁的桂军也完成部署，相机出动。而阎锡山的晋军则沿津浦线南下，兵至德州和济南。只有张学良的东北军盘踞关外按兵不动，在静观局势的发展。

战事持续了一个月，阎锡山与冯玉祥等人在郑州举行会议，商定下一步作战计划。意欲晋军夺取徐州；西北军攻取武汉；石友三部进攻济宁、兖州，桂军则从湖北会师到武汉。而蒋军方面，是以韩复榘部据守黄河南岸，阻截津浦路阎军南下；刘峙部布防于徐州、砀山、宿县；何成浚部分防平汉路许昌以南各地；陈调元部和马鸿逵部坚守鲁西济宁、曹州，以抵抗石友三部；范石生部镇守鄂北襄樊一带。

接下来的双方交战中，蒋介石亲临战场，指挥其精锐部队作战，使阎锡山的晋军陷于被动。冯玉祥急派西北军孙良诚部及吉鸿昌部驰援，才解了晋军危急。孙、吉二部联手，使蒋军节节败退。随后，李宗仁的桂军进占了长沙和岳州。再后,西北军与晋军联合攻打徐州,与蒋军在宁陵以北地区展开殊死搏斗。可是,由于晋军行动迟缓,徐州未能攻克。

蒋介石看到战局不利,又想到他惯用的伎俩。他察觉张学良举棋不定,便趁机将他拉拢到身边。张学良受到蒋介石的蛊惑,发出拥蒋通电。第二天,他便率领所部东北军,大举入关协助蒋介石。东北军的突变影响了整个战局的发展,有了张学良的相助,蒋介石得以腾出

中原大战时的冯玉祥

手来，调集大批援军，疯狂狙击讨蒋联军。

阎锡山为了保存实力，率阎军最先撤往黄河以北，回山西；李宗仁的桂军不能前进，被迫退回广西；石友三则再次倒戈，归顺张学良。可怜冯玉祥的西北军孤掌难鸣，一下子陷入了绝境，连撤回潼关的后路也被封死了。最后，冯玉祥带领西北军残兵败将，好不容易从郑州突围出去，过了新乡，他把部队交给了鹿钟麟，令他去与蒋介石谈判，接受国民党政府改编。

这场中原大战，历经半年的惨烈厮杀，战火波及20多个省，30万将士送掉了性命。蒋介石笑到了最后，真可谓"一将功成万骨枯"！而战败的阎锡山、冯玉祥则联名通电下野，阎锡山避居大连，冯玉祥隐居汾阳。至此，冯玉祥惨淡经营了20余年的西北军从此消散。

察东抗日　英雄穷途

中原大战之后,蒋介石将华北地区交给张学良统治,经张学良的手,阎锡山的晋军被东北军收编,都成为国民党的部队。虽然,阎锡山下野去了大连,但他的山西老巢并未丢失,被收编的部队依然整体还在。可冯玉祥就没这么幸运了,他不但失去了陕、甘等根据地,而且他的西北军也被蒋介石指派张学良化整为零分割掉。

西北军中,宋哲元部被改编为第二十九军,退往晋南;孙连仲部改编为第二十六路军,开往山东济宁;吉鸿昌部被改编为第二十二路军,调赴鄂豫皖边境;梁冠英部被改编为第二十五路军,调往苏北;葛运隆部被改编为第三十三师,赶赴湖北;而张维玺部则全部解除武装,他辞去军职后,去了天津隐居⋯⋯,就这样,一支闻名遐迩的西北军被分割得支离破碎!

1931年9月,日本关东军炸毁了沈阳北郊柳条湖附近南满铁路的一段路轨，却反诬是中国军队破坏铁路，并以此为由突然向张学良东北军驻地北大营和沈阳城发动进攻，造成东北军伤亡300余人。事件发生后，蒋介石指示张学良："沈阳日军行动，可作为地方事件，望力避冲突，以免事态扩大。一切对日交涉，听候中央处理。"张学良只好采取不抵抗政策。可日军并未罢手，他们在进攻北大营和沈阳后，又在其他各地接连发动军事攻击。短短一周内，日军便占领了辽宁、吉林两省30座城市，还控制了12条铁路。

　　冯玉祥虽说是在汾阳隐居，但他并不是两耳不闻窗外事，而是一边闭门潜心读书，一边时刻不忘关注时局。当他闻听沈阳发生事变，即刻发出抗日通电："玉祥不

柳条湖事件

敏，誓死与全国同胞共赴国难，粉身碎骨，义无反顾。"之后，他大骂蒋介石是这次事件的罪魁祸首，要他下野认罪。

这一时期，全国各界民众对日本的武装入侵，无不义愤填膺；对蒋介石的不抵抗主义，均是强烈不满。举国上下，空前规模的反日浪潮势不可挡。即便是国民党内部，也出现了很高的抗日呼声。蒋介石迫于形势，又与汪精卫勾结到一起，他们请冯玉祥到南京来，出任"国民党常务委员"，共商抗日大计。

冯玉祥来到南京，在国民党"中央会议"上说："我们要抗日，我们要收复失地，谁要阻止抗日，谁就是卖国贼。"这话当然是说给蒋介石听的。

散会之后，很多人好意奉劝冯玉祥："蒋介石是不会抗日的，你若再这样说话，恐有生命危险。"冯玉祥听了，很是不屑一顾，回答说："我来就不怕，我怕就不来！"

日本在沈阳炮制的侵华事件余音未了，竟又在上海制造了新的侵华事件！1932年1月，日本关东军在上海由租界向闸北的中国守军第十九路军发起攻击，第十九路军将领蔡廷锴、蒋光鼐率部奋起反击，将日军数次击退，死伤惨重。可紧要关头，又是蒋介石接受英、美等帝国的"调停"，与日本签订了丧权辱国的《淞沪停战协定》。

　　事实证明，大家说的果然没错，蒋介石空喊抗日口号，实际没有一点抗日行动。冯玉祥看在眼里，气在心上，可自己手里既无权，又无兵，只有干着急的份儿。冯玉祥耻于再与蒋介石、汪精卫为伍，他一怒之下，又跑到泰山上去隐居。说是隐居，其实是不想看见不愿见到的人。冯玉祥一刻也没有放弃抗日救国的思想，正是利用在泰山上"隐居"这段时间，他频频寻求真正抗日的共产党人的帮助。

　　共产党中央派代表肖明秘密来到泰山上，向冯玉祥阐明了共产党人抗日救国的纲领，建议他到群众中去组织抗日力量，需要时共产党方面会给予积

冯玉祥在泰山

极的帮助。

冯玉祥听了肖明的阐述，很受启发，他下泰山来到张家口。故地重游，当年西北建军的历历往事，又萦绕在眼前。此时，被张学良改编的宋哲元正带领他的第二十九军，驻守在张家口。冯玉祥的到来，宋哲元并没有感到意外，因为在冯玉祥隐居汾阳的时候，他们就一直有联系。当时冯玉祥手头十分拮据，就是宋哲元一直派人送钱送物，给自己这位昔日的老首长多方面的关照。

而冯玉祥来张家口，也是有备而来，他此来的目的，就是要与旧部宋哲元，共同抗日杀敌。因为在日军发动侵华事件伊始，宋哲元即以第二十九军军长的名义，向全国发出了抗日通电，坚决表示："哲元等分属军人，责在保国。谨率所部枕戈待命，宁为战死鬼，不做亡国奴，奋斗牺牲，誓雪国耻。"

为了避开南京国民党政府的注意，冯玉祥住在张家口图书馆里，他表面上默默读书，暗地里加紧同共产党人及抗日民众的联系。当时由于东北和热河陷入日军手中，大批东北义勇军部队和热河抗日民团进入察哈尔境内，国民党政府非但不接济他们，反而诬陷他们是土匪。冯玉祥很快就与这些人建立起联系，并将他们组织起来共同抗日。

就在冯玉祥来到张家口前不久，国民党政府刚刚任命宋哲元为察哈尔省（中国旧省级行政区）主席。因日军攻占山海关后，平津受到威胁，张学良急调第二十九军进驻北平以东一带。宋哲元将察哈尔省主席一职暂交佟麟阁代理，自己亲赴前线指挥布防。宋哲元看到从冷口到马兰峪长达300余里的长城各口，包括喜峰口、罗文峪等要隘均被日军包围，他不禁义愤填膺。

　　喜峰口是北平与热河的交通咽喉，东有铁门关、董家口，西有潘家口、罗文峪，明清时候不但是京师北卫的重要屏障，也是关外入朝进贡的关口。开赴前线之时，军长宋哲元写下了"宁为战死鬼，不做亡国奴"的誓言。

二十九军开赴前线

当二十九军的先遣团赶到喜峰口时，日军的500余名骑兵已经到了长城脚下，勇士们急忙堵上，打退了敌人，保住了阵地。

夺回山头高地的同时，我军伤亡很大。3月10日，面对日军主力的总攻，二十九军部队伏于峰峦幽僻之处，伺敌兵近距战壕数十米时蜂拥而出，与敌白刃相接。

3月11日，组织了第二次夜袭，这次共出动了4个团的兵力，战士们每人身背一把闪闪发亮的大刀。凌晨3时，战斗打响，赵登禹、佟泽光两位旅长身先士卒，在

宁为战死鬼 不作亡国奴 宋哲元撰书

宋哲元将军在战地中之题字。

宋哲元手书

令日军闻风丧胆的大刀队

近距离的拼杀中充分发挥大刀的威力。近千名敌人从睡梦中惊醒，不少人撞在二十九军勇士们的刀口上。共砍死砍伤敌人逾千名，缴获坦克11辆，装甲车6辆，大炮18门，机枪36挺，飞机一架，还有日军御赐军旗、地图、摄像机等。遭袭后的敌营里，到处是敌人的尸体。此后，不少日本兵晚上睡觉，脖子上还要戴上一个自制的铁护圈，以防脑袋被砍掉，不少人半夜被惊醒"大刀队来了，快跑呀！"。

自"九一八"日本侵占东三省以来，这是日本遭到的最顽强的抵抗。中国军队打破了日军"不可战胜的神话"，挽回了热河抗战中中国军队溃败所蒙受的耻辱。从此二十九军作为抗日雄师名扬长城内外，"据由敌地逃回百姓均谓，我华军不怕枪炮，新兵器皆无用等语"。

日军进攻喜峰口、罗文峪不成，转而进攻古北口、冷口。这些地方的中国守军虽经殊死搏杀，但还是未能抵挡住敌人猛烈的炮火。日军终于还是越过长城，长驱直入。第二十九军腹背受敌，难以坚持，宋哲元只好率部撤走。继而，日军继续侵占察哈尔省多伦、沽源等地。以蒋介石为首的国民党政府依旧坚持不抵抗政策，再次与日本签订了不平等的《塘沽协定》。

面对日军的嚣张气焰与无耻行径，冯玉祥再也坐不住了！他振臂一呼，在张家口举行了民众抗辱救亡大会，参加者愈数万之众。本来，在这段时间里来见冯玉祥的各界民众代表及军队代表有许多，都希望他能出面领导抗日的大事。而冯玉祥也知道自己可以拉起队伍来，但是这么多人吃饭是个大问题，所以他一直在运筹帷幄，酝酿时机。如今，平津失守，全国危机，再加上蒋介石的不抵抗，说严重了中国随时都有亡国的危险。这种情形，冯玉祥岂能坐视不管。

冯玉祥的旧部将领吉鸿昌与方振武也来到张家口，参与民众抗辱救亡大会。吉鸿昌于此前方才加入中国共产党，这时他再见冯玉祥，悲痛地哭诉着说："我实在是无脸来见您，您交给我的军队都被蒋介石收买了，都给我弄丢了！"

冯玉祥对吉鸿昌说："不要这么说，自从你跟我当兵起，部队从几千人发展到几十万人。这些部队不都是你们弄来的吗，现在弄丢了，有什么难过的。"

吉鸿昌很是感激，说道："我这次来见您，就是要以死报国的！我情愿战死在日本人手里，也不愿意做一个软骨头的亡国奴！"他的话说得慷慨激昂，字字掷地有声。冯玉祥非常赞赏地点了点头，说这就够了，其他的什么也不用说了。

接着，冯玉祥发表了抗日演讲，宣布成立"察哈尔民众抗日同盟军"，并发出通电告知全国："日本帝国主义对华侵略得寸进丈，直以灭我国家、奴我国族，为其绝无变更之目的。握政府大权者，以不抵抗而弃三省，以假抵抗而失热河，以不彻底的局部抵抗而受挫于淞沪、平津。……玉祥深念御侮救国为每一民众所共有之自由，及应尽之神圣义务。自审才短力微，不敢避死偷生。谨依各地民众之责望，于民国二十二年五月二十六日以民众一分子之资格，在察省前线出任民众抗日同盟军总司令，率领志同道合之战士及民众，结成抗日战线，武装保卫察省，进而收复失地，争取中国之独立自由。有一分力量，尽一分力量，有十分力量，尽十分力量。大义所在，死而后已。凡真正抗日者，国民之友，亦我之友；凡不抗日或假抗日者，国民之敌，亦我之敌。所望全国民众一致奋起，共驱强寇，保障民族生存，恢复领土完

冯玉祥扛起步枪,向抗日同盟军将士训话

整，敬祈赐予指导及援助。"

冯玉祥抗日救国的决心，足以言表。他被大家推举为同盟军的总司令，方振武为前敌总司令，吉鸿昌为前敌总指挥。察哈尔抗日同盟军的成立，得到中国各界人士的拥护和支持，许多群众团体、社会名流以及高级将领纷纷向冯玉祥致电表示支持和祝贺。中国共产党亦发动北平、天津和太原等地大批学生和青年，到张家口去参加冯玉祥的队伍。而且，共产党领导的蒙古人民抗日武装也加入了同盟军。还有，从东北、热河到察哈尔，愿意抗日的部队，俱都云集于同盟军的旗帜之下。于是，同盟军队伍迅速壮大到十几万人。

冯玉祥亲自训练了同盟军三天，便率部展开了驱逐日寇收复国土的战斗！因为同盟军部队来源复杂，一些部队虽说原来也是正规军，但是军纪不好，时有骚扰百姓的事情发生。还有一些部队就是由土匪、强盗改编过来的，欺压百姓

会议纪念章

冯玉祥与士兵同吃同住

的事就更不用说了。可这些部队归属到同盟军后,都变得规规矩矩,行军打仗每到一处,都不会去动当地百姓一针一线。

察哈尔省各地百姓有人认出同盟军中有曾经欺负过他们的人,很好奇地问道:"你们以前从这里过,打人、骂人,不讲道理;现在从这里过,这样守规矩,也不进民房。是什么缘故呀?"

那些人回答说:"我们现在是老冯带的军队了!老冯教训我们说,老百姓是我们的父母,我们的兄弟姐妹。我们应当保护老百姓,应当敬重老百姓。我们这样做就一定能打胜仗的。"百姓们听了很高兴，也觉得很稀奇，都在心里想：这"老冯"可真是个能人！

对于冯玉祥这种"自立山头"的行为，蒋介石当然不能容忍。冯玉祥一手建立了西北军，雄踞西北和华北多年，虽然在中原大战后已经被蒋介石瓦解，但是他此番振臂一呼，依旧有大批旧部投入其麾下，而且他还允许共产党人在同盟军内部活动。这一切，无不令蒋介石深感不安，他欲对冯玉祥除之而后快。但是，全国抗日救亡运动蓬勃兴起，而同盟军又是高悬抗日救国旗帜，蒋介石不敢直接讨伐同盟军，只是公开声明不承认同盟军的地位，并断绝与察哈尔省的一切往来。

局势不断恶化，日军进一步从热河侵占察东地区，重镇宝昌、康保相继失陷。冯玉祥决定将同盟军兵分两路，一路由邓文率领从张北直取康保。替日军防守康保的是从东北调来的伪军崔兴五部，战斗仅仅用了几个小时，崔兴五就被邓文击溃，同盟军收复康保。同盟军另一路，由李忠义与周义宣共同率领攻打沽源，结果守卫沽源的伪军刘桂堂部慑于同盟军的声势，宣布投诚，同盟军不费一兵一卒，又收复了沽源。接下来，同盟军一鼓作气收复了宝昌，伪军纷纷逃往多伦。

多伦为察东的重镇，它既是冀、察、蒙之间的交通枢纽，又是塞外商业的中心和军事要地，日军把它视为攻掠察、绥两省的战略要点。日军自从攻占热河后,即派出重兵对多伦重点防守。那里不但驻有日本关东军骑兵第四旅团三千余人,而且还有炮兵部队,以及实力较强的伪军李守信部。除此以外,日军还在城外修筑32座碉堡,用交通壕连接,作为外围阵地。而且在丰宁一带,还有关东军第八师团为外援。真可谓重兵重重。

  同盟军攻打多伦的战斗,异常艰难。战斗整整持续了三天,守城的日伪军才显现出疲惫状态。吉鸿昌抓住时机,下令发起总攻。于是,同盟军邓文部、李忠义部、张凌云部同时发动攻势,其势如长虹贯日。日伪军渐渐不敌,退回城内龟缩不出。同盟军一举拿下了多伦外围阵地,可是仍旧无法破城而

收复多伦的吉鸿昌将军

抗日同盟军部队收复多伦

入。多伦一时无法攻下，吉鸿昌心里很是着急，他不断思索着破城的办法。几天后，只见吉鸿昌带领了一部分同盟军战士，化装成回民商贩潜入城中。他是想采取"里应外合"之计，攻克多伦。

可是城外的同盟军大部队却遇到了麻烦，他们几次用梯子爬城均被敌军所阻挡，无功而返。眼看着时间紧迫，同盟军将士个个心急如焚，大家争先恐后地再次向城头爬去，经过4个多小时的激战，日伪军终于抵挡不住，同盟军内外夹攻，收复了沦陷两个多月的多伦。多伦之战，是同盟军与日军的首次交锋，虽然同盟军自身

牺牲严重，但也击毙了很多日军。至此，察东四县全部被同盟军全部收复。

自从日本发动侵华战争以来，土地得而复失，对日军来说还是头一次。因此说，冯玉祥所领导的察哈尔民众抗日同盟军，不仅打击了日军骄横的气焰，更加重创了他们不可一世的精神。

蒋介石一方面积极"围剿"共产党，一方面欲致冯玉祥于死地，可就是不去抗日！他千方百计要毁掉同盟军，不仅从舆论上大肆造谣诽谤，还派遣大批人员对同盟军各部进行分化、收买等活动，而且派出大军逼近张家口，意欲剿灭同盟军。之前，蒋介石还顾及民众的舆论，现在是"王八吃秤砣"，铁了心要整死冯玉祥。

与此同时，日伪军也集结两万多人，趁机大举围堵同盟军。同盟军自经过收复多伦一战，自身伤亡惨重，又被蒋介石断绝了与外界的联系，更是缺粮少弹、缺衣少穿。如今被蒋介石与日伪军前后夹击，已是无力再做战斗。

抗日当前，冯玉祥不想与蒋介石发生内战，让日本人捡了便宜。同时，冯玉祥也不想让同盟军将士再做无谓的牺牲。主意已定，冯玉祥突然宣布辞去同盟军总司令职务，解散同盟军司令部，接受国民党政府的改编。这样一来，蒋介石与日伪军失去了进攻的理由。于是，同盟军一部分人员被宋哲元的第二十九军收编,其余大部分成员被解散,少部分的个别人做了土匪、叛徒。

吉鸿昌与方振武,既不愿接受国民党政府的收编,也不愿遭受解散的命运,他们二人继续组织抗日队伍,同日军周旋。冯玉祥则重返泰山,再次下野隐居。

同盟军解散后,日军兵分两路再次入侵察东地区,北路攻多伦,南路打沽源。吉鸿昌率部奋力抵抗,可终因寡不敌众而失败,多伦、沽源再次陷入日军之手。一个月后,吉鸿昌与方振武在云州将抗日同盟军改编为"抗日讨贼军",一边抗击日本侵略军,一边讨伐蒋介石。二人率军先后攻占了怀柔、密云后,又直逼北平。

讨贼军的声势虽然不大,但引起的反应可是不小。首先是日本人,因为讨贼军逼近北平,进入了《塘沽协定》规定的非武装区,日军立即威胁讨贼军,要其限期离开,否则将予以"消灭"。这时,石友三正在北平附近驻军,日军怕讨贼军与石友三联合,索性连石友三一并恫吓,意思是"如果石友三敢与讨贼军勾结,皇军将绝不容许其存在"。随后,日军派出飞机轰炸了讨贼军驻地。

除了日本人,蒋介石也对讨贼军做出了反应,他命何应钦务必要歼灭讨贼军。何应钦不敢怠慢,急忙调集大队人马前去镇压。国民党中央军商震部,原西北军关

麟征与庞炳勋二部，三部人马集结一起，将讨贼军团团围困在昌平、大小汤山一带。由于众寡悬殊，讨贼军与国民党军队激战10余日，内无补充，外无援助，最终全军覆没。方振武、吉鸿昌改变装束，趁乱侥幸逃脱。

后来，吉鸿昌被国民党军警枪杀在刑场上，方振武则在赶赴抗日前线的途中遭国民党特务暗杀。

再说冯玉祥回到泰山后，苦闷之余，把全部心思都用到读书上来，他系统而深入地学习了政治、经济、历史等多方面的知识。特别是在听了共产党人李达讲述的马列主义原理之后，冯玉祥的思想发生了重大转变，开

冯玉祥在泰山读书

始认识到社会发展规律是"只能前进，不能回顾，只能开新，不能复旧"的。

在泰山上住了一年，冯玉祥又游历了胶东、黄县、蓬莱和烟台等地，他每到一处都要进行抗日演讲。游历结束后，冯玉祥请随行记者将其在各地宣传抗日的情况，写成了《胶东游记》一书，他尤其要求把在胶东猛烈抨击蒋介石政府卖国求荣的一段做详细描述。回到泰山后，冯玉祥还撰写了《泰山见闻录》《冯玉祥读书笔记》《察哈尔抗日实录》等书。手中无枪的冯玉祥以笔代枪，用他的著作同日本侵略者及蒋介石政府进行了另一场不见硝烟的战斗。

除了钻研学问，冯玉祥想得最多的就是为民造福。泰山有许多深沟和小河，每到雨季来临，河水泛滥，交通难行。冯玉祥看到行人过往不便，便出资在普照寺旁边修建一座石桥，他还给石桥取了个很好听的名字，叫"大众桥"。自从有了这座大众桥，往来的行人方便多了。

孙中山倡导全民植树，冯玉祥就忠诚执行孙中山的教诲。他在泰山脚下买了几十亩地，并派人到烟台购置回很多果树树苗，将其开辟为果园。冯玉祥对身边的人说："前人种树后人乘凉，是我们老祖宗的古训。我们吃不上这些果实，后人吃了也会感谢我们的。"以前，冯玉祥驻守徐州时，也种了很多树，当时他还做过一首打油诗：老冯驻徐州，大树绿油油。谁砍我的树，我砍谁的头。可见他对植树造林的重视。

冯玉祥有两大爱好，一个是种树，另一个就是办学。他两次隐居泰山，一共在那里办起十几所泰山武训小学。冯玉祥所办的学校均是实行免费教育，教学内容多以宣传抗日爱国为主，同时教育学生要自立、自爱、自强。

时至今日，泰山上依然保留着冯玉祥修建的石桥、栽种的果树和创办的学校。在那个时期，冯玉祥被当地百姓称为"大善人""活菩萨"。

冯玉祥在泰山他修建的小桥旁留影

赴美反蒋　归国罹难

　　1935年，日本加紧对中国华北地区的侵略，企图将冀、鲁、晋、察、绥五省和北平、天津、青岛三市脱离国民政府管辖。蒋介石迫于各方压力，他致电冯玉祥，邀请他出席"国民党四届六中全会"。接到蒋介石的电报后，冯玉祥身边的亲信都不同意他去，怕他遭到蒋介石的谋害。冯玉祥却不以为然，他决定充分利用这次机会，宣传抗日主张，团结抗日力量。相反，他认为如果不去，反而会受蒋介石的把柄。

　　冯玉祥从泰山来到南京，住进中山陵四方城寓所。在大会召开的那一天，冯玉祥与李烈钧等20余位国民党中央委员，提出一个《救亡大计案》，获得通过。这个《救亡大计案》包括：切实保障人民的民主权利，大赦政治犯，联合世界上以平等待我之民族，启用抗日将领，充实军备等九条。会后，冯玉祥留在南京，出任"国民

党军事委员会副委员长"。这个职务虽然没有实权，但地位很高。冯玉祥便利用这一特殊身份，到处宣扬抗日爱国精神，并积极营救被国民党政府缉捕的共产党人及爱国民众。

蒋介石每天都说："攘外必先安内，抗日必先剿共，革命的敌人不是日本，乃是中国共产党！"他对日本的妥协及对共产党的剿杀，激怒的不仅仅是共产党人与各界爱国人士，就连国民党内部的许多高级将领也看不下去了。本来，张学良被蒋介石任命为西北剿匪副总司令，让他去剿灭共产党。可张学良在"剿匪"的过程中，越发感觉不对劲，待他逐渐看清蒋介石的真面目以后，他毅然决定反戈到共产党一边。

张学良开始同共产党人秘密接触，他私下里乘飞机抵达延安，与共产党领导人周恩来进行会见，双方会谈得十分融洽，都主张结束国、共两党的敌对状态，一同投入到抗日救国的行动中去。此后，张学良的东北军与共产党签订了《抗日救国协定》，以示切实履行双方此前达成的协议。

一切准备就绪后，张学良在西安突然发动兵谏，他联合国民革命军第十七路军总指挥杨虎城，扣押了蒋介石及亲蒋的一大批国民党要员，要求蒋介石停止剿共，一致抗日。在张学良与杨虎城的胁迫下，蒋介石只能暂停内战，宣布联共抗日。这样，共产党倡导的抗日民族统一战线才得以初步形成。

1937年7月，河北省卢沟桥一带的日本驻军声称有一名日军士兵在演习中失踪，要求进入卢沟桥边上的宛平县城搜查，但遭到了中国守军国民革命军第二十九军的断然拒绝。无理要求没有得到允许，日军遂向卢沟桥一带开火。第二十九军在副军长佟麟阁的率领下，奋起坚决抵抗。冯玉祥闻听此事，即刻致电二十九军将士，要"抗敌守土""以保千万年之光荣历史"。

日本意欲侵吞中国，从卢沟桥事变之日起，已是有目共睹的事实。蒋介石答应张学良的联共抗日，亦于此时有了实际行动。蒋介石与张冲、邵力子作为国民党的代表，同共产党代表周恩来、博古、林伯渠，在庐山举行会议，商讨合作抗日的头等民族大事。自此，国、共两党的敌对状态得以暂停，转入双方合作，共同抗日上来。

随后，日本发动大规模的侵华战争，佟麟阁战死南苑。对于佟麟阁的死，冯玉祥既难过，又欣慰。难过的是同生共死多年的爱将战死沙场，从此阴阳两隔；欣慰的是佟麟阁的死是为国捐躯，可谓重于泰山。就在冯玉祥还沉浸在悲伤中不能自拔之际，更加令他惊心的噩耗突然传来，他在报纸上看到他的大儿子冯洪国也不幸阵

亡！因为当时冯洪国正在南苑教导团任大队长。

冯玉祥悲痛之余，做祭文称："儿在河北，父在江南，抗日救国，责任一般；收复失地，保我主权，谁先战死，谁先心安；牺牲小我，求民族之大全，奋勇杀敌，方是中国儿男。天职所在，不可让人占先。父要慈、子要孝，都须为国把身捐。"可是过了几天，报纸上又辟谣说，传闻不实，冯洪国没死。闹了半天，虚惊一场。

为了抗战需要，国民党政府将全国分为十二个战区，冯玉祥被任命为第三战区司令长官。冯玉祥亲自到抗战前线视察，抵达昆山时，十几架日军飞机从他头上呼啸而过，投下数枚炸弹。随行人员都十分担心他的安全，劝他赶快撤离。可冯玉祥却说："抗战一起，我既抱定牺牲决心，现在虽处险境，心情倍觉舒畅。"日军飞机飞走后，他继续视察，泰然自若。

本来，冯玉祥对出任国民党第三战区司令长官一职很有信心，然而第三战区的部队大多是蒋介石的嫡系部队，而蒋介石本人又事事多疑，尤其对冯玉祥更加不放心。因此，蒋介石大搞越级指挥，凡事都要自己插上一手，致使冯玉祥的军事权力被架空，成为"无言的司令长官"。

不久，冯玉祥又被调任第六战区司令长官，第六战区的部队多为冯玉祥的旧部，因此冯玉祥很是高兴，以为这下终于可以有所作为。可没想到的是，他的这些旧部在国民党政府混迹多年，早已变得腐败堕落、争权夺利。再加上蒋介石不断派人从中挑拨，冯玉祥上任不到两个月即被免职。尽管如此，冯玉祥为了抗日大计，并未计较个人得失，虽不能亲赴战场杀敌，他仍然多次写信给蒋介石及前方将领，为抗日献计献策，鼓励将士英勇杀敌。

随着南京的失陷，国民党政府从南京迁到重庆。这一时期，国民党中许多人对抗战产生了悲观情绪，也纷纷附和蒋介石主张对日妥协。汪精卫更是公然叛国投敌，离开重庆跑到日本人那边去了。冯玉祥对妥协者毫不留情地大加挞伐，他在"国民政府最高国务会议"上痛骂汪精卫的卖国行径，他建议，仿效杭州西湖岳飞墓前为卖国贼秦桧夫妇铸长跪像的先例，在重庆也修建一座抗战建国英雄墓，墓前也铸一对汪精卫夫妇长跪的铁像，让他遗臭万年。

一天，武汉三镇召开"献金大会"，为抗日活动筹集募捐。很多民众纷纷慷慨解囊，冯玉祥与夫人李德全把结婚戒指捐了，孩子们也自发地把零花钱给捐了。捐完钱款后，一家人很是高兴。这件事，让冯玉祥很受启发，既然不能领兵去打仗，何不也发起个号召抗日的活动。于是，冯玉祥开始在全省范围内四处走动，积极动员民

众为抗日贡献力量，捐资救国。

有一次，冯玉祥同当地的一位县长，正在召集募捐和参军，忽然跑过来一位老汉，紧紧拉住冯玉祥，高喊着："冤枉啊，冤枉啊！"

"老人家有什么冤枉啊，慢慢地说。"冯玉祥安慰道。

"我的儿子被人拉去当兵去了！"老汉的声音近乎绝望。

"你知道是谁把他拉去的吗？"冯玉祥问道。

"不晓得。"老汉很茫然地回答。

冯玉祥听到这，忍不住大笑说："你可知道冯玉祥就是被抓来当兵的，但今天当上了'国民政府委员'。将来你的儿子也要当国民政府委员的，到那个时候，你老人家必须请一桌客谢谢人家，可你连人家的名字都不晓得，将来怎么下请帖啊？"

冯玉祥献金纪念品

听了冯玉祥的话，老汉苦笑着说："冯先生，您尽跟我打岔。"

冯玉祥把表情变得严肃起来，郑重说道："我可不是打岔，我说的是实话。你看国家有事，你的儿子不当兵，我的儿子也不当兵，那样，我们有了机关枪、大炮，还能叫英国人来替我们放吗？你老人家的意思是不是找美国人和苏联人来替我们放机关枪呢？"

说到这里，老汉心悦诚服地点了点头说："我明白了，明白了。我听您的话，不要儿子了。"围观的群众都笑起来，高兴地鼓着掌。

自从冯玉祥随国民党政府迁到重庆后，先后换过六次住所。刚来时冯玉祥一家住在两路口，后来房子被日军炸毁，就搬到了上清寺。冯玉祥不喜欢那里，他觉得鱼龙混杂，而且国民党军统特务进进出出，很不自在。于是他就自己出资在歇台子一荒坡上建了一栋两层高的小楼，定名为"抗倭楼"。

就在冯玉祥居住"抗倭楼"期间，还有一段佳话。当时，其他一些国民党军政要员也因为与冯玉祥同样原因，在歇台子一带修建了不少别墅，使这个小地方一下子变热闹起来。这里原本是一个自然村落，四周散居着一二百户村民。现在可倒好，冯玉祥他们一来，变成显贵与贫贱混居了。这样一来，当地的保长可就为难了，

他不敢去收冯玉祥等人的赋税，只好"引咎辞职"了。

　　原保长一走，别人也不敢接替这个职务，冯玉祥便毛遂自荐，当起歇台子地方的保长来。他勤勤恳恳、任劳任怨，而且从来不欺负百姓。当地的村民都说，从来没见过这么好的保长。

　　有一天，一支开往抗日前线的新兵连队落脚歇台子休息，因借用民房及桌椅等物与村民发生争执，新兵连队的连长暴跳如雷，责令村民去把保长找来。

　　冯玉祥身穿蓝色粗布裤褂，头缠一块白布围巾，这是当地农民的标准装束。他见连长发火，便弯腰深深鞠了一躬，说道："长官，辛苦了。我们这个地方住了许多当官的，差事实在不好办，您是临时驻防，将就一点就是了。"

　　连长一听，大怒道："要你来教训我！你这个保长架子可是不小！"

　　"不敢，我从前也当过兵，但从来不愿意打扰老百姓。"冯玉祥微笑着说。

　　"你当过兵，都干过什么？"连长不屑地问道。

　　"排长、连长都干过，营长、团长也干过。"

　　"你还干过什么？"连长有些惊讶，从椅子上抬起屁股，站起身来。

　　"师长、军长也干过，还干过几天总司令。"冯不慌不忙，仍然微笑着回答。

连长仔细打量着冯玉祥半晌，突然如梦初醒般地双脚一并，行着军礼说道："您是冯副委员长？属下该死，请求处分！"

冯玉祥再一鞠躬，笑道："长官请坐。在军委会我是副委员长，在这里我是保长，理应侍候长官您。"几句话说得这位连长诚惶诚恐、无地自容，慌慌张张地带着自己的连队撤走了。

可惜的是，冯玉祥的"抗倭楼"地处荒坡上，很容易成为日军空袭的目标。没过多久，冯玉祥一家不得不再次迁移到歌乐山云顶寺旁的一处砖石楼房里。这里后来让给了李烈钧和苏联大使潘友新居住，遗址至今尚存。再后来，冯玉祥一家住进了歌乐山金刚坡的一座土木结构的平房里，他取名为"铲倭轩"。

最后，冯玉祥全家搬进位于歌乐山麓的陈家桥白鹤村的一所老式四合院里，这就是现在的冯玉祥旧居。冯玉祥给宅院命名"抗倭庐"，大门写"抗倭寇门"；三个二门，左写"不忘吉黑门"、中写"不忘辽热门"、右写"不忘北天门"；进二门后，左边的门是"复国仇门"、右边的门是"雪国耻门"；最里面两个后门，一个写"收复失地门"、另一个写"还我河山门"。在这里，冯玉祥一直居住到抗战胜利。

中华爱国人物故事
ZHONGHUA AIGUO RENWU GUSHI

　　1945年8月，随着中国共产党领导人毛泽东发表的《对日寇最后一战》，中国军队已经完全打败了日本侵略者。日本政府宣布无条件投降。消息传来，正在成都青城山上的冯玉祥，禁不住热泪盈眶。为了纪念这一历史时刻，他在青城山的天师洞附近建起一座草亭，并亲笔题写"闻胜亭"三个大字。

　　可是，抗战刚刚胜利，蒋介石便迫不及待露出反动独裁的本质，他独揽国民党大权，悍然杀害各民主党派进步人士，欲与共产党发生内战。冯玉祥写了很多文章，怒斥蒋介石反人民、反民主的罪行。他还在上海《大公报》上发表《上蒋主席书》，奉劝蒋介石停止发动内战，实行民主政治。可蒋介石非但不听，反而更加记恨冯玉祥，又开始不断迫害他。

　　为了免遭蒋介石的毒手，冯玉祥以特使的名义出国考察，他登上"美琪将军"号远洋轮船，以考察水利为名，举家前往美国。冯玉祥一家刚到美国，蒋介石即在国内掀起全面内战，从报纸上看到这则消息，冯玉祥心如刀绞。

　　冯玉祥先是来到旧金山，他听说蒋介石在国内残酷镇压爱国学生运动，便在旧金山《世界日报》上发表了《告全国同胞书》，声援国内学生的爱国行径，对蒋介石政府进行猛烈抨击。此后，冯玉祥又来到纽约。应美国国会的邀请，冯玉祥参加了国会下院举行的听证会，对美国拨款6千万美元扶持蒋介石一事加以论证。冯玉祥当即警告美国政府："该是到了迷途知返的时候了。事实很清楚，任凭你们有再多的美元，也永远填不满蒋介石这个贪得无厌的无底洞。"

同时，冯玉祥也毫不留情地揭露："蒋介石政权是中国所有腐败政府的顶峰，外国的金钱是无法使他免于垮台的。"美国国会的议员们听他滔滔不绝讲了两个多小时，大部分议员认为他讲得有理有据。听证会后，国会下院将原计划的6千万美元的所谓"紧急援华贷款"，缩减为1800百万美元。

几天以后，冯玉祥在美国《民族报》上发表了《我为什么与蒋决裂?》一文，文中同时对蒋介石和美国政府进行控诉，他再次严正告诫美国说："历史证明，用外国金钱来干涉中国的政治斗争是白费的，这种做法只能唤起中国人民的仇恨。"蒋介石得知冯玉祥在美国所做的一切，十分恼怒。他即刻命令冯玉祥赶紧回国，可遭到了冯玉祥的拒绝。一怒之下，蒋介石剥夺了冯玉祥水利特使的公职，并吊销其护照，企图以此迫使美国政府将冯玉祥驱逐出境。

冯玉祥非但没有屈服，反而态度更加坚决地向外界宣布，他将和所有要推翻蒋介石的人合作，一起打倒蒋介石。并身体力行，开始在美国各地进行反蒋讲演，号召更多的人支持自己。蒋介石一看，既然胁迫不了冯玉祥的言行，干脆就断绝了冯玉祥的薪俸，并以"行为不检、言论荒谬""违反党纪、不听党的约束"等罪名，革除了他的国民党党籍。于是，冯玉祥彻底变成了一个没有公职身份、没有经济来源的人。

这时，在国内，国民党中坚持进步的有胆有识之士一致认识到，如果任由蒋介石这样倒行逆施下去，国家民族将陷于万劫不复之地。于是，以李济深为首的国民党人决定从蒋介石政府中分裂出来，他们在香港另外组成了中国国民党革命委员会。大家公推李济深为革命委员会主席，冯玉祥为政治委员会主席。冯玉祥在美国听到消息后，心中感到无比振奋，他特意在美国发起成立了国民党革命委员会驻美国总分会筹备会，并在美国政府注册登记。

冯玉祥在美国《纽约下午报》上发表了《致蒋介石的一封公开信》，这是他写给蒋介石政府的最后一封信，其中措辞分外激烈。历数蒋介石背叛革命，出卖国家，祸国殃民的种种罪迹，要求蒋介石立刻下台，将一切主权交还人民。并以一个流亡革命者的身份，无所畏惧地站在美国的大街小巷、站在美国的普通民众中间，愤怒地指责美国政府错误的对华政策，他告诉美国人民，他们的血汗钱正在被其政府大量浪费在支持一个腐败残暴的中国反动政权身上。

　　冯玉祥的每次演讲，街上都挤满了人。美国人民对于真理和正义所持有的热烈支持的态度，使冯玉祥深受感动，也更增强了他革命的勇气和信心。在这一段时间里，冯玉祥撰写了《我所认识的蒋介石》一书。由于书中内容生动真实，极具内幕性，因此在国外及中国香港地区一版再版。在中国香港出版时，美国的记者赵浩生在序言中以犀利的笔锋写道："蒋介石的性格是自私顽固，心胸狭窄，他认为中国是他的，爱国就要爱他，不爱他就是不爱国。这种性格发展成其好独霸，讲权术，

冯玉祥与史沫特莱在美国街头演讲

残酷无情和'宁予外贼,不予家奴'的作风。"

1948年,共产党领导的中国人民解放军在国内向国民党军队发起全面攻势,蒋介石的反革命政府已是风雨飘摇,败局已定。就在解放战争即将获取全面胜利之际,共产党中央决定筹备召开中国人民政治协商会议,特别邀请冯玉祥回国参加。身处海外的冯玉祥闻听此事,激动不已。他发表了《告留美侨胞书》,当中写道:"玉祥这次回国是为了参加新的政治协商会议,筹备召开全国人民代表大会,组织真正民主的联合政府。"然后,动身回国,准备投身到新中国的建设中去。

冯玉祥及家人在纽约登上苏联"胜利"号轮船,为了安全起见,一家人在四名苏联共产党人的陪同下,准备取道苏联再回到中国。经过一个月的航行,"胜利"号到达苏联后转而驶入黑海,距离中国仅剩下一天的航程。这天吃过中饭后,李德全回到客舱开始收拾行囊。

"妈妈,您不用急着收拾,等会儿我们就干了,您休息会儿吧。"小女儿冯晓达说道。

"我把小零碎先归拢一下,省得到时候忙。你们坐那儿陪爸爸说会儿话吧。"冯夫人爱怜地看了小女儿一眼。

冯玉祥对着几个孩子说道:"我和你们的妈妈奔波奋斗了大半生,没有成就什么事业,也没有攒下什么钱。

过去有过一点钱，都办了学校了。今后你们要想自己生活得好就得靠着有本事。我跟你们说过不止一次，在这个世界上，有些人有能力，有些人有钱，这两样比较起来，那钱毕竟是很空虚、很软弱的，因为它本身不是生活必需物品，一旦拿它换不出东西来，它就一点用也没有了。所以，爸爸总希望你们自己多多努力……"

冯玉祥兀自正说着，冯晓达突然大喊了一声："什么味儿?!"大家举目四望，发现有浓烟从客舱门缝中涌入，着火了！大火迅速蔓延开来，整个"胜利号"的四层甲板上都是浓烟滚滚、火焰腾腾。一时间，呼号求救之声惊天动地！……

谁也不知道大火燃烧了多长时间！灾难过后，冯玉祥安静地而孤独地躺在轮船甲板上。清凉的海风，吹拂着他稀疏的白发，黑色的夜幕，做了他的盖尸布。在其他丧生火海的200余人中，冯晓达及三名苏联共产党人也不幸罹难其中。苏联政府派出专机，将冯玉祥等人的遗体运抵莫斯科火化。事后，李德全带着丈夫及女儿的骨灰，黯然回到祖国……

中华爱国人物故事
ZHONGHUA AIGUO RENWU GUSHI